서울대학교 일본연구소
Reading Japan 33

대전환 시대의
한일관계

역사화해, 외교안보, 경제통상, 사회문화

저　자 : 한일관계 개선방안 연구 TF
(김현철, 남기정, 이지원, 이창민, 조양현)

Publishing Company

이 저서는 2019년 대한민국 교육부와 한국연구재단의 지원을 받아 수행된
연구임(NRF-2019S1A6A3A02102886)

책 을 내 면 서

　　서울대 일본연구소는 국내외 저명한 연구자와 다양한 분야의 전문가를 초청하여 각종 강연회와 연구회를 개최하고 있습니다. 〈리딩재팬〉은 그 성과를 정리하고 기록한 시리즈입니다.

　　〈리딩재팬〉은 현대 일본의 정치, 외교, 경영, 경제, 역사, 사회, 문화 등에 걸친 현재적 쟁점들을 글로벌한 문제의식 속에서 알기 쉽게 풀어내고자 노력합니다. 일본 연구의 다양한 주제를 확산시키고, 사회적 소통을 넓혀 나가는 자리에 〈리딩재팬〉이 함께하겠습니다.

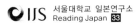

서울대학교 일본연구소
Reading Japan 33

차 례

| 책을 내면서 | ————————————— 3

대전환 시대의 한일관계

서론 ————————————————— 7

1. 역사화해 분야 개선 방안 / 남기정 ————— 17

2. 외교안보 분야 개선 방안 / 조양현 ————— 58

3. 경제통상 분야 개선 방안 / 이창민 ————— 88

4. 사회문화 분야 개선 방안 / 이지원 ————— 122

결론 : 한일관계 개선 방안 / 김현철, 남기정 ——— 155

　　2012년 이명박 대통령의 독도방문으로 악화되기 시작한 한일관계는 문재인 정부에 들어서서는 복합갈등의 양상을 보이고 있다. 과거사 문제로 시작된 갈등이 무역갈등과 안보갈등 등으로 확대되었다.

　　한일관계가 악화된 배경에는 한일 양국의 구조적인 변화요인도 크게 작용하였다.

　　한국의 경제력이 일본을 급속히 추격하더니 2018년에는 물가수준을 감안한 1인당 국민소득이 일본을 추월하게 되었다. 문화면에서는 한류가 세계적으로 일류를 능가하고 있고 코로나 방역에 있어서도 한국이 일본보다 더 선방하는 모습을 보여주었다. 이러한 성과 속에, 과거 일본을 경외시 하던 소위 '소니 세대'보다 일본에 당당한 '김연아 세대'가 한국의 주류를 이루기 시작하였다.

일본도 나름의 구조적 변화를 겪었다. 소위 잃어버린 30년을 거치며 경제는 정체되고 사회의 고령화는 더욱 진전되었다. 2010년에는 중국이 일본을 제치고 세계 제2위의 경제 대국이 되었으며 같은 해에 불거진 센카쿠 열도 분쟁에서는 중국이 희토류를 이용하여 일본을 압박하기도 하였다. 이 속에서 잠재되었던 일본 내 민족주의는 분출되기 시작하였고 2012년 탄생한 아베정권은 보통 대국화를 지향하면서 소위 자학적인 역사관을 수정하고자 하였다.

이러한 구조적 대전환기에 한일관계를 새롭게 정립하고 그 속에서 한일관계를 개선하기 위한 연구 TF를 일본연구소가 조직하여 연구를 수행하였다. 〈역사화해〉와 〈외교안보〉, 〈경제통상〉, 〈사회문화〉로 구성된 연구 TF팀은 개별 연구모임을 통해 논의를 발전시켰다. 또한 이러한 논의를 바탕으로 2021년 5월 24일에는 공개 세미나 《대전환 시대의 한일관계》를 개최하였다. 여기서 제기된 전문가들의 조언을 반영하여 최종 연구결과물을 리딩재팬 시리즈로 발간하게 되었다.

구조적 변화 속에 한일관계가 어떻게 나아가야 하는지를 알고자 하는 분들에게 많은 도움이 되기를 희망한다.

서울대 일본연구소장 김현철

1

역사화해 분야 개선 방안

과거사 문제와 한일관계 개선 방안

과거사 해법과 관련해서 문재인 정부의 대일 정책은 "과거사와 북한 핵·미사일 대응, 양국 간 실질협력과는 분리 대응"한다는 투트랙 접근을 기조로 한 것이었다. 그러나 실제로는 2017년 12월의 위안부 합의 검증 보고서, 2018년 10월과 11월의 강제동원 배상과 관련한 대법원 판결, 2021년 1월의 일본군 '위안부' 배상과 관련한 판결 등으로 문재인 정부가 취할 수 있는 대일 외교에서의 운신의 폭은 매우 제한되었다. 이는 일본 정부가 일련의 판결들을 '국제법에 위반'하는 것으로 규정하고 타협의 여지를 두지 않았기 때문이다.

이러한 현실에서 과거사 문제는 세 개의 층위를 만족시키는 복합 공간 속에서 해결의 방향으로 나아갈 수 있을 것이다. 세 개의 층위란, '역사적 정의의 확인', '정치적 현실의 고려', '사법부 판결의 이행'이라는 층위로, 이 세 가지 층위의 중층적 공간 속에서 복합적, 포괄적 해결을 모색할 필요가 있다. 또한 강제동원 문제와 일본군 '위안부' 문제는 밀접히 연결된 것이기도 하면서 서로 다른 경위를 거치면서 성격을 달리하는 부분도 있어서, 연계와 분리의 기술이 필요하다.

　강제동원 문제와 관련해서는 세 가지 층위가 순서대로 진행되어야 할 필요는 없으며, 그럴 수도 없다. 첫째 층위에서 역사인식이 후퇴하는 일본 정부를 상대로 역사적 정의를 확인하는 일은 쉽지 않은 문제이기 때문이다. 상대방의 의도와 실천 여부와 관계없이 우리 정부가 독자적으로 이 문제를 돌파할 수 있다는 점에서 우리는 두 번째 층위에서 적극적인 자세를 취할 필요가 있다. 그런 다음에는 '사법부 판결의 이행'을 확인하는 절차로 나아가는 것이다. 이에 대해서는 일본 기업이 사과를 한다면 소송 당사자 사이에서 제3의 해법으로 나아갈 수 있으며, 이를 거부할 경우에는 압류자산을 현금화하여 배상을 실시하는 것으로 판결 내용을 완결할 수 있다. 이때 우리 정부는 우리 사법부의 판결이 '국제법 위반' 상태를 만들었다는 일본 정부의 주장에 대해 적극 반론을 제기하여, 이를 상쇄하는 노력을 기울일 필요가 있다. 최종적으로는 '역사적 정의의 확인'을 위해, 일본 기업이 사죄를 하는 것으로 제3의 해법을 모색한다면, 이는 위에 제시한 바와 같이 2010년 간 나오토 담화 수준에서 일본이 책임을 수용한다는 것인바, 이를 한일 간 공동선언에 반영하는 것으로 역사적 정의를 확인할 수 있다.

　일본군 '위안부' 문제는 문재인 정부가 2015년 12월 28일 한일 외교장관 합의(이하, 2015년 합의)를 정부 간 공식 합의로 인정하면서도, 사법부 판단에 따라 이 합의가 법적 효력을 발휘하지 못하는 상황에서, 합의의 파기나 재협상도 아니며 합의 유지도 아닌 제3의 방법으로서, 2015년 합의를 재전유(再專有, re-appropriation)하는 방법을 고려할 필요가 있다. 재전유란, '전유된 맥락을 변경하여 특정한 기호를 다른 기호로 작용하게 만들거나 다른 의미를 갖도록 만드는 행위'를 말한다. 즉 2015년 합의를 '고노담화'의 기본 정신의 맥락에서 일본이 전유한 30년에 걸친 위안부 운동의 성과로 전유하는 것이다.

　먼저 스가 총리가 고노담화의 정신에 입각해서 반성과 사죄를 표명하고 이를 피해자들의 마음에 닿는 방식으로 전달하는 것으로 시작될 수 있다. 그리고 2015년 합의를 문서화해서 교환하는 것이 필요하다. 2015년 합의가 한일 정부 간의 합의로서 법적 효력을 구비하기 위해서는 이 부분이 명확히 해결될 필요가 있다. 나아가 2015년 합의에서 일본 정부가 거출한 10억 엔은, 고노담화에서 일본 정부가 인정한 대로 일본군에 의한 전시 여성인권 침해 사실을 인정하고, 이에 '일본 정부가 책임을 지고 사과하는 마음의 징표로서 일본의 예산 조치로 거출'하여 전달하는 '사죄금'이라는 사실을 확인할 필요가 있다. 그럼으로써 10억 엔이 2015년 합의에서 확인한 대로 피해자의 명예회복과 상처치유를 위해 사용된다는 사실이 확인된다. 이후 '여성인권평화재단(가칭)' 설립 요구를 반영하여, 10억 엔의 잔여금과 성평등기금으로 '진상규명과 연구교육, 기억계승'을 위한 시설을 도서관과 자료관, 박물관의 기능을 갖춘 복합문화공간, 즉 라키비움(Larchiveum)의 형태로 설립하여, 국제사회와 미래로 열린 해결의 거점을 마련하는 것이다. 이는 2015년 합의에서 불분명하게 처리된 부분이나 고노담화에 명확히 제시되어 있는 것으로, 재단 설립은 고노담화를 계승하는 일본 정부의 의지를 최종적으로 확인할 수 있는 핵심 사업이라고 할 수 있다. 또한 이는 미래로 열린 해법으로서, '최종적 해결'에 대해 의구심을 갖는 우리 측 피해자와 지원 단체가 수용할 수 있는 최소한의 방법이며, 일본군 '위안부' 문제의 '진전'이라고 할 수 있는 해법이다.

문제인 정부 출범 이후 한국 사법부에서 내려진 일련의 판결들은 국교정상화 이후 한일관계의 근본을 이루는 1965년 체제의 '구조'에 문제를 제기하고 있다. 한일기본조약에서는 식민지배의 기원이 된 1910년의 조약이 무효라는 사실을 확인하고 있는데, '이미 무효'라는 문구의 해석을 둘러싸고 서로 다른 해석을 하고 이를 암묵적으로 용인해 온 것이 문제이며, 한일청구권협정은 1항과 2항 사이의 관계가 문제다. 이것이 1965년 체제의 한계를 설정했다. 우리 정부가 강제동원과 일본군 '위안부' 문제와 관련한 일련의 판결을 존중한다면, 피해자들이 사법적 해결에 나서는 것을 보고만 있을 것이 아니라, 1965년 체제의 한계를 극복하기 위한 외교노력을 보다 적극적으로 기울여야 한다.

나아가 일본 정부와 외교적 해결을 이루기 위해서는 피해자들의 이해와 지지 및 국민적 동의가 필요한 일이기에, 사회적 대화기구를 마련하여 다양한 입장의 피해자와 전문가 및 활동가들이 담당 정책결정자들과 함께 해법을 논의할 장소와 시간을 가질 필요가 있다.

강제동원 배상 문제와 관련해서는 헌법 정신에 입각하여 우리 정부가 1919년에 수립된 대한민국임시정부의 법통을 계승한 정부로서 그 책임을 자임해야 한다. 그리고 대법원 판결의 외부에서 강제동원 피해자들에 대해 선제적·독자적 방식으로 배상을 실시함으로써 일본에 대해 도덕적 우위를 점하는 것이, 일본 기업의 대법원 판결 이행을 이끌어내는 현실적이고도 원칙적인 해법이다.

우리 정부는 일본군 '위안부' 문제에 있어서 2015년 합의가 정부 간 공식 합의나 법적 효력을 결여하고 있다는 점을 일본 정부와 공유하고, 일본 정부에 대해 고노담화에 입각한 문제 해결의 의지를 확인하는 외교 노력을 기울여야 한다. 2015년 합의가 법적 효력을 구비하게 되면, 이에 입각해서 역사연구와 역사교육을 담당할 기구를 설치하는 것으로 '미래에 열린' 해법을 도모할 수 있을 것이다.

과거사 문제와 한일관계 개선 방안

남기정
(서울대 일본연구소 교수)

1. 과거사 문제와 문재인 정부의 대일 정책

1) 일본군 '위안부' 문제와 투트랙 접근

과거사 해법과 관련해서 문재인 대통령의 대일 정책은 역사적 정의와 피해자 중심 접근에 입각하면서도 미래지향적 한일관계 발전을 위해 현안문제에 적극 협력한다는 방향으로 설정되었다. '대통령 후보 문재인'의 대일 외교 공약이 과거사 문제에서 원칙을 중시한 내용이었다는 점에서 문재인 정부의 대일 외교는 한일관계의 현실을 고려하여 조정된 것이었다.

'문재인 후보'는 2017년 2월에 나온 공약집 이후 5월 2일 발간된 공식 공약집 『나라를 나라답게』에 이르는 과정에서, 일본군 '위안부'(이하, '위안부') 문제에 대해 '일본 정부의 공식 사죄'를 요구할 것이며, '원칙적으로 대응'하여, '재협상'에 나설 것이라는 등 대응의 수준을 조금씩 높이고 구체화하고 있었다. 그 배경에는 '사드 배치 결정, 위안부 합의, 한일군사정보보호협정' 등 '외교 적폐' 일소를 요구하는 국민적 요망이 있었다. 이를 배경으로 당시 대통령 선거에 나온 모든 후보들은 위안부 합의와 관련해 재협상을 공약으로 내걸고 있었다.

문재인 대통령은 취임 후 처음 가진 아베 총리와의 전화 회담에서 '위안부' 문제와 관련해 조심스럽게 입장을 개진했다. 한국 국민 대다수가 2015년 한일 외교장관의 위안부 합의(이하, 2015년 합의)를 "정서상 수용하지 못하고 있다"고 하여 "고노담화, 무라야마담화, 김대중-오부치 공동선언"을 계승하고 존중하는 입장에서, "과거사 문제를 지혜롭게 극복해 나가되, 북핵 대응은 별개로 노력해 나가자"고 하여 투트랙 접근의 기본 입장을 밝혔다.

5월 12일에는 강창일 더불어민주당 의원이 "재협상은 시간이 걸릴 것"이라며, 조심스러운 입장을 보였고, 5월 14일에는 문희상 의원이 "합의 파기나 재협상이 아닌 제3의 길"을 모색하겠다는 생각을 피력했다. 문희상 의원은 일본 특사로 다녀오면서는 2015년 합의 문제를 "미래지향적으로 슬기롭게" 해결하자는 원칙을 확인했다. 특사단의 일원이었던 윤호중 의원은 "국가 간의 합의"를 "일방적으로 파기하기는 어렵다"는 입장을 제시했다.

7월 7일 함부르크 G20 정상회담에 참석하여 처음 아베 총리를 대면한 자리에서 문재인 대통령은 "국민 대다수가 정서적으로 수용하지 못하는 현실을 인정하면서 양국이 공동으로 노력해서 지혜롭게 해결해 나가야 한다"고 하면서도 2015년 합의가 다른 관계 발전에 걸림돌이 되어서는 안 된다고 하여 투트랙 접근을 다시 확인했다.

한편 문재인 정부는 대일 외교로 '위안부' 문제를 푸는 데 한계가 있다고 보고, 국내적으로 할 수 있는 일부터 한다는 입장이었다. 2017년 7월 10일, 국정기획자문위원회는, 1991년 고 김학순 할머니가 기자회견을 통해 피해 사실을 처음으로 공식 증언한 8월 14일을 일본군 '위안부' 피해자 기림일로 지정하고, "일본군'위안부'피해자 문제 연구소"(가칭) 설치 및 국립 역사관 건립 추진 방침을 밝혔다. 그리고 이는 『국정과제』에 여가부 과제로 포함되었다.

2017년 7월 19일 국정기획자문위원회가 발표한 『문재인 정부 100대 국정과제(이하, 국정과제)』에서 투트랙 접근은 문재인 정부의 대일 외교 원칙으로 다시 확인되었다. 즉 "과거사와 북한 핵·미사일 대응, 양국 간 실질협력과는 분리 대응"할 것을 확인하고, "'위안부' 문제는 피해자와 국민들이 동의할 수 있는 해결방안(을) 도출"한다는 것을 목표로 삼았다. 그러나 공약집 『나라를 나라답게』에 제시되었던 '재협상'이라는 용어는 포함되지 않았다.

2) 강제동원 피해자 문제의 등장

한편 문재인 정부 출범의 이면에서 '강제동원' 피해자 문제가 새로운 과제로 등장하고 있었다. 2017년 2월 인천시민단체와 양대 노총이 부평공원에 '징용공상'을 세우기로 한 것이 발단이었다. 이는 서울 일본대사관과 부산 일본총영사관 인근에 '강제징용 노동자상'을 설치하겠다는 움직임으로 발전되었고, 이에 대해 일본이 반발하고 있었다. 문재인 정부 출범 직후인 2017년 5월 30일에는 2012년 5월 24일 미쓰비시중공업과 신일철주금의 불법행위에 대한 책임을 인정하는 대법원 판결로부터 5주년을 기념한 기자회견이 열려, 피해자와 지원자들이 '최종 확정 판결'을 촉구하고 있었다. 7월 26일에는 영화 '군함도'가 개봉되어 강제징용 문제에 대한 국민적 관심이 고조되는 가운데 8월 12일 용산역에 '강제징용 노동자상'이 건립되었다. 이에 일본 정부는 민감하게 반응했다. 2017년 8월 7일 필리핀에서 있었던 한일외상회담에서 고노 외상이 강제징용 문제를 언급하며 한국 정부의 '적절한' 대응을 요구했다.

이러한 움직임은 문재인 대통령이 취임 후 처음 맞이하는 8.15 경축사에서 '위안부' 문제와 함께 '강제징용' 문제를 언급하게 된 배경이 되었다. 문 대통령은 경축사에서 "일본군 '위안부'와 강제징용 등 한일 간의 역사 문제 해결"의 원칙으로 "인류의 보편적 가치와 국민적 합의에 기초한 피해자의 명예회복과 보상, 진실규명과 재발방지 약속"이라는 '국제사회의 원칙'을 기준으로 제시했다.

문재인 정부 출범 100일 기념 기자회견에서 문재인 대통령은, 한일회담에서 다루어지지 않은 '위안부' 문제가 청구권협정으로 다 해결되었다는 일본 측 인식에 이의를 제기하고, '강제징용' 문제에 대해서도 청구권협정에도 불구하고 "민사적인 권리들은 그대로 남아 있다는 것이 한국의 헌법재판소나 대법원의 판례"라는 입장을 확인했다.

8월 25일의 한일 정상 전화회담에서는 '강제징용' 문제에 대한 아베 총리의 문제제기에 대해 문재인 대통령은 '강제징용' 문제가 '한일기본조약에서 해결되었다는 점, 한국 정부가 '보상'을 실시했다는 점을 인정하더라도 한국 대법원이 이와 관련한 '개인 청구권'까지 해결되지 않았다는 판례를 내렸다는 사실을 확인했다.

이에 대해 고노 외상은 문제를 제기하고, 특히 '강제징용 노동자상'에 대한 한국 정부의 적절한 대응이 나오지 않을 경우 한국을 방문하지 않겠다고 한국 정부를 강압했으며 실제로 8월 29일부터 9월 1일까지 부산에서 개최된 제8차 FEALAC(동아시아-중남미 협력포럼)에 참석하지 않았다.

이와 같이 문재인 정부 출범 100일 후 한국 정부는 대일 외교에서 투트랙 접근의 기조를 유지하려는 모습을 보이고 있었다. 과거사 문제와 관련하여 '위안부' 문제는 한일 청구권협정의 외부에 존재하는 문제로 2015년 합의에 문제를 제기하면서도 파기하거나 재협상을 요구하지 않고 제3의 해법을 찾아보겠다는 입장이었다. 한편 강제동원 문제와 관련해서는 청구권협정으로 국가 간 문제로 해결된 부분이 있음에도 '개인 청구권' 문제가 남아 있다는 입장이었다. 한편 일본이 '위안부' 문제보다 강제동원 문제에 더 강경한 태도를 보임으로써, 과거사를 둘러싼 한국과 일본의 대립 전선은 '위안부' 문제에서 강제동원 문제로 이동하고 있었다.

3) 일본군 '위안부' 합의 검증을 둘러싼 한일 대립

투트랙 접근의 기조는 2017년 12월 27일, 2015년 합의에 대한 검증 TF 보고서가 나온 뒤에도 유지되었다. 문재인 대통령은 2017년 12월 28일 입장 표명을 통해 2015년 합의가 "피해 당사자와 국민이 배제된 정치적 합의"로서 "양국 정상의 추인을 거친 정부 간의 공식적 약속이라는 부담에도 불구하고", "이 합의로 위안부 문제가 해결될 수 없다는 점"을 확인했다. 해가 바뀌고 2018년 1월 4일에는 문재인 대통령이 '위안부' 피해자 8명을 청와대로 초청하여 가진 오찬 간담회에서 "지난 합의가 양국 간의 공식합의였다는 사실은 부인할 수 없으나, 그 합의로 위안부 문제가 해결되었다는 것을 받아들일 수 없다고 천명했다"고 확인했다. 그러면서도 문 대통령은 지난 정부의 합의가 잘못된 것은 사실이지만, "과거 정부가 공식적으로 합의한 것도 사실이니 양국관계 속에서 풀어가야 하는 게 쉽지 않은 면이 있다"고 설명하기도 했다.

1월 9일에는 외교부의 후속조치가 발표되었다. 이 자리에서 강경화 외교장관은 피해자 중심 조치들을 모색해 나갈 것이며, 일본 정부가 출연한 화해·치유재단 기금 10억 엔을 우리 정부 예산으로 충당하고 이 기금의 향후 처리 방안에 대해 일본 정부와 협의할 것을 확인했다. 한편 2015년 합의가 진정한 문제 해결이 될 수 없다고 하면서도, 양국 간의 공식 합의였다는 사실은 부인할 수 없다고 하여 재협상은 요구하지 않을 방침을 확인했다. "다만 일본이 스스로 국제 보편 기준에 따라 진실을 있는 그대로 인정하고 피해자들의 명예, 존엄 회복과 마음의 상처 치유를 위한 노력을 계속해 줄 것을 기대한다"는 것이었다. 강경화 장관은 4월 9일의 한 대학 특강에서도 "정부 간 합의는 정부가 바뀐다고 하더라도 지켜야 하는 것이 국제사회의 관행이기 때문에 파기나 재협상은 하지 않겠다"며 "일본 측이 진정한 사과를 하는 조치를 자발적으로 취한다면 이를 환영하는 것이 정부 입장"이라고 정리했다.

문재인 대통령은 외교부 후속조치가 발표된 다음날, 1월 10일의 신년기자회견에서도 '위안부' 문제에 대한 입장을 다음과 같이 확인하고 있다. '위안부' 문제는 '상대가 있는 일'이며 '외교적인 문제'로서, '앞 정부에서 공식적인 합의를 했던 일이기 때문에 우리가 충분히 만족할 수 없다 하더라도 현실적으로 최선인 방법을 찾아내야 한다'는 것이었다. 나아가 그 '완전한 해결'이란 일본 정부의 사실 인정과 진심을 다한 사죄, 재발 방지를 위한 국제사회에서의 노력 등을 통해 할머니들의 용서를 받을 수 있을 때 가능하다는 인식을 피력했다.

한편 이수훈 주일대사는 1월 15일, 한일 기자단 교류 프로그램에 참여한 외교부 기자단과의 간담회에서 갈등이 더 깊어지지 않도록, 이슈가 안 되도록 봉합이 필요하다고 하면서 이를 '사드형 해법'이라고 설명했다. 1월 16일, 이낙연 국무총리는 기자간담회를 통해 "국가 간, 정부 간 합의가 있었다는 것은 틀림없는 사실로서, 약속 파기나 재협상 추가 요구는 없다"고 확인하고, 문제 해결에서 확인되어야 할 세 가지 기준으로 '역사적 진실', '보편적 정의', '피해자 입장' 등을 제시했다.

이후의 전개는 이수훈 대사가 언급한 '사드형 해법'에 가까운 모습을 보였다. 우리 정부가 위안부 합의를 파기하지도 재협상하지도 않으면서, 일본의 자발적인 성의를 기다린다는 자세는 외교적 해법이 아니었으며, 합의 검증 움직임에 반발하던 일본이 이에 응할 이유도 없었던 것이다. 다만 10억 엔의 처리를 둘러싸고 일본 정부와 협의하겠다는 것이어서, 여기에서 우리 정부는 일본 정부를 상대로 한 외교의 필요성을 인정하고 있었으며, 일본 정부가 한국의 약속 이행을 요구하려면, 2015년 합의에 입각해 이에 응할 의무가 있었다.

그러나 일본 정부는 12월 27일 검증 TF 보고서가 발표되던 날 외상 담화를 발표하고 2015년 합의는 정당한 교섭을 거쳐 이루어졌고, 합의에 이르는 과정에 문제가 없으며, TF

보고서가 "합의를 변경하려는 것이라면 일한관계는 관리 불능 상태가 되어, 결코 받아들일 수 없다"고 하여, 합의의 착실한 실시를 요구했다. 1월 4일 저녁에는 스가 관방장관이 한 방송국에 나와 '골 포스트'를 '1밀리미터도 옮길 수 없다'는 것이 아베 총리의 입장이라고 밝히고, 추가 조치 요구는 '받아들이지 않겠다'는 일본의 입장을 확인했다. 나아가 1월 16일에는 고노 외상이 강경화 장관을 만난 자리에서 추가 조치 실시를 거부하고, '강제징용 노동자상'의 설치 중단을 요구했다. 10억 엔 처리 문제로 일본과 협의하는 자리는 결국 마련되지 못했다.

2019년 12월 27일에는 헌법재판소 판단에 따라 2015년 위안부 합의가 '권리 의무가 불명확한 추상적이고 선언적인 합의로서 정치적 합의'이며, 이는 "위안부 피해자의 법적 지위에 영향을 미칠 수 없다"는 점이 확인되었다. 헌법재판소는 '합의의 명칭, 서면의 존재 여부, 국내법상의 법적 절차' 등 형식적 요건의 문제와 더불어 '법적 구속력을 부여하려는 당사자의 의도, 구체적 권리와 의무의 발생 여부' 등 실질적 내용의 문제를 지적하고, 2015년 합의가 조약의 요건을 갖추지 못한 비구속적 합의임을 확인했다. 즉 2015년 합의는 양국 외교장관의 기자회견 입장 표명이라는 형식의 정치적 구두 합의에 불과하다는 것이 우리 사법부의 입장이다.

이상에서 확인되는 것은, 2015년 위안부 합의가 '국가 간 정부 간 합의'로 존재하며, '파기나 재협상의 추가 요구'는 하지 않으나, '역사적 진실, 보편적 정의, 피해자 입장'에서 문제 해결에 이르지 못하여 법적 효력을 지니지 못한 상태에 있다는 것이 우리 정부의 입장이라는 점이다.

국제사회의 인식도, 이 합의의 존재를 전제로, 이를 이행하는 과정에서 피해자 중심 접근의 원칙이 확인되도록 보완되어야 한다는 것이다. 가령 유엔 여성차별철폐위원회(CEDAW)는 2016년 3월 7일 권고에서, "합의를 이행하는 과정에서" 일본 정부가 피해 생존자의 견해를 반영하여, 진실, 정의, 배상의 권리를 보장하라고 권고했다. 합의로서 존재하지만, 미완의 해결이라는 것은 이 합의가 문제 해결에 대한 합의가 아니라, 문제 해결의 원칙을 확인하는 로드맵에 대한 합의라는 점을 확인해 주고 있다.

2. 강제동원 판결과 해법

1) 대법원 판결과 '1965년 체제'

'위안부' 문제를 둘러싸고 갈등하는 한편 한반도 평화프로세스를 배경으로 결정적인 파국을 회피하던 한일관계는

2018년 10월 30일과 11월 29일에 나온 일련의 대법원 판결을 계기로 결정적인 대립 국면으로 진입했다. 일련의 판결들이 1965년 기본조약과 청구권협정으로 식민지 시기 일어난 과거사 문제가 해결되지 않는다는 점을 근본으로부터 제기했기 때문이다. 판결들은 강제동원 피해자들의 구제가 청구권 문제를 벗어나, 불법적 식민지배로 인한 손해배상 문제로 다뤄져야 한다는 입장을 최종적으로 확정했다.

식민지 지배가 불법이라는 판단은 대한민국이 1919년의 3.1운동으로 건립된 대한민국임시정부의 법통을 계승하고 있다는 헌법 정신과, 1910년의 한국 병합조약이 원천 무효였다는 1965년 한일기본조약에 대한 우리 정부의 해석에 입각해 있다. 따라서 이를 존중한다는 것은 삼권분립의 존중 이전에 대한민국의 정체성과 관련한 일이다.

한편 대법원 판결은 피해자들이 일본의 기업을 상대로 한 민사소송으로 1965년 청구권협정으로 개인의 청구권이 소멸되지 않았다는 해석에 입각해 있으며, 이는 일본 정부도 견지하는 해석인 바, 피해자들과 일본 기업이 민사적으로 해결해야 할 문제였다. 그러나 일본 정부는 한국 대법원 판결에 '국제법 위반'이라고 비난하며 직접 개입했다.

10월 30일의 판결이 나오자마자 일본 정부는 "한일 청구권협정으로 문제가 '완전히 최종적으로 해결'되었다"는 입장에서 이번 판결이 한일 청구권협정 2조를 위반하는 것으로, 대한민국이 국제법 위반 상태를 시정하는 적절한 조치를 취할 것을 요구한다는 외상 담화를 발표하여 한국 정부를 압박했다.

이러한 일본 정부의 경직된 태도에 대해 우리 정부는 '위안부' 문제에서 분명한 입장을 보이는 방향으로 선회하여, 2015년 합의에 따라 만들어진 '화해·치유재단'의 해산을 11월 21일 공식적으로 확정했다. 이에 대해 고노 외상은 "1998년 한일 파트너십 공동선언이 내건 '미래지향의 관계 발전'을 한국 측이 방해하는 움직임을 계속하고 있다"고 문제를 제기하고 "한일관계를 앞으로 어떻게 할 의향인지 논의하고 확인해야 한다"고 대응하는 한편, 재단 해산에 대해서는 "합의를 이행하는 행동을 취할 것으로 생각한다"며 철회를 요구했다. 한국 정부에 대해 강제동원 판결과 관련해서는 협의를 요청하는 한편, 위안부 합의에 대해서는 재단 해산 방침의 철회를 요구하고 있었다.

이후 일본 정부는 대법원 판결에서 확인된 강제동원 피해자에 대한 '배상' 문제가 청구권협정에 의거해서 해결되어야 한다는 입장을 거듭 확인하며, 2019년 1월 9일 청구권협정에 따른 협의를 요청했다. 2월 12일에는 협의 요청 회담을 독촉하고, 5월 20일에는 중재를 부탁했으나 한국 정부는 이를 대신하는 해법을 일본에 제시했다.

2) 다양한 해법의 부상

6월 19일 외교부 홈페이지를 통해 우리 정부가 제시한 해법은 "소송 당사자인 일본 기업을 포함한 한일 양국 기업이 자발적 출연금으로 재원을 조성하여 확정판결 피해자들에게 위자료 해당액을 지급"한다는 것으로, 이로써 당사자들 간의 화해가 이루어지도록 한다는 것이었다. 이른바 '1+1안'이라고 할 수 있는 내용이었다. 더불어 일본 측이 이러한 방안을 수용할 경우, 우리 정부는 "일본 정부가 요청한 바 있는 한일 청구권협정 제3조 1항 협의 절차의 수용을 검토할 용의가 있다"는 점도 확인했다. 우리 정부는 이러한 해법을 홈페이지에 게시하기 전에 조세영 외교부 1차관이 일본을 비공개 방문해서 이 제안을 전달했던 것으로 알려졌다.

2019년 1월에 비슷한 안이 부상했으나 당시 한국 정부는 이를 부인했었다. 이에 대해 외교부는 "1월 안은 정부가 주도하는 안이었고, 이번엔 정부가 빠진 채 기업들이 자발적으로 참여하는 안"이라는 점에서 다르다고 설명했다. 그러나 6월 19일 오후 5시, 일본 교도통신이 외무성 간부의 발언을 인용해서, 한국 정부의 제안을 거부했다고 밝혔다. 이어서 오

스가 다케시(大菅岳史) 대변인과 고노 외상이 거듭 거부한다는 입장을 확인했다. 그리고는 7월 1일 일본 정부는 전격적으로 반도체 관련 3개 품목에 대한 수출규제조치를 발동하고 화이트리스트 배제 조치를 예고했다, 7월 19일에는 한국 정부가 중재에 불응하고 있다는 데 대해 비난했으며, 8월 2일에는 화이트리스트 배제를 결정했던 것이다.

이후 야당 등에서 우리 정부 안을 보완하는 다양한 제안들이 제시되었다. 자유한국당의 나경원 원내 대표가 제시한 '2+1(한국 정부와 기업+일본 기업)안', 바른미래당의 하태경 의원이 제시한 '2+2(한국 정부와 기업+일본 정부와 기업)안' 등이 있었으며, 그 외에 우리 정부가 주도하고, 청구권 자금으로 성장한 우리 기업과 일본의 강제동원 기업이 참가하여 재단을 설립하고, 재단에서 '위자료'를 지급하는 방안으로 '1+1+1안'이라 불릴 만한 제안도 있었다. 또한 손학규 바른미래당 대표는 "일본은 반성하고, 우리는 대일 배상금을 영원히 포기하자는 안"을 제기하기도 했다. "돈 문제를 떠나 우리 민족의 도덕성과 우월성을 제대로 보여주자는 차원"을 강조하고 있었다. 이에 대해서는 조선일보가 사설에서 지지하는 입장을 보였고, 홍석현 회장, 이원덕 국민대 교수 등도 비슷한 입장을 개진하고 있었다. 또한 이원덕 교수는 일본 정부와 함께 국제사법재판소(ICJ)에 회부하는 것도 선택지로 고려할 수 있다고 주장했다.

한편 입법을 통한 해결 방안도 제시되었다. 11월 5일, 문희상 국회의장이 일본을 방문하여 와세다대학에서 '제2의 김대중—오부치선언, 문재인—아베 선언을 기대합니다 : 진정한 신뢰, 창의적 해법으로 미래지향적 한일관계 복원'이라는 제목으로 강연하는 가운데 기본적인 생각이 제시되었다. "양국 기업의 자발적 기부금, 양국 국민의 의연금, 화해·치유재단 해산으로 남은 약 6억 엔의 잔금 등으로 기금을 조성하여 피해자 구제에 충당하는 방안"이었다. 이에 대해서는 화해·치유재단 해산으로 남은 약 6억 엔의 잔금이 포함된 데대해 강력한 반발이 제기되었다. 12월 18일에는 와세다대학에서의 제안을 수정하여 문희상 의장은 '기억, 화해, 미래재단 법안'을 마련하는 데까지 나아갔다. 이 법안은 "재단에 기금을 설립하고, 한국과 일본의 기업, 개인의 기부금 등으로 재원을 조성하여 재단이 국외 강제동원 피해자에게 위자료를 지급하며, 이는 제3자 임의변제에 해당하는 행위로서, 해당 피해자의 승낙을 얻어 재단이 채권자 대위권을 취득하는 것으로 간주"한다는 내용이었다. 그러나 이 법안에 대해서는 일본 정부와 기업의 책임 인정과 사죄가 애매하다는 문제점이 지적되었고, 이에 반발하는 여론이 거세어지면서 결국 폐안되었다.

3) 강제동원 문제 해결의 원칙들

이 모든 제안들은, 한국 정부의 6.19 제안을 제외하고, 우리 대법원 판결의 기본 취지에 어긋나는 내용을 포함하고 있다. 즉 식민지 지배의 불법성을 확인하기 어려운 구조라는 점이다. 여기에서 식민지 지배의 불법성을 확인하면서도 우리 정부가 책임을 이행하는 방안을 고안할 필요가 있다.

대법원 판결은 대한민국이 1948년에 신생국가로 건국되었다는 단절론을 배제하고 있다. 이러한 역사관에 입각하면 대한민국 임시정부 하에서 일어난 '징용' 및 '징병' 등 강제동원으로 발생한 국민들의 손해를 배상할 책임의 일부는 대한민국 정부에 귀속된다. "대한민국은 대한인민으로 조직함"을 천명한 대한민국 임시헌법 1조에 따라, 대한인민의 생명과 재산을 보호할 의무가 대한민국 정부에 있고, 외국의 강점 상태를 용인하여 그 불법 행위로 인해 자국민이 생명을 잃고 재산을 보호받지 못한 상태를 시정하지 못한 책임이 대한민국 임시정부에 있기 때문이다. 이에 한국 정부가 이번 대법원 판결과는 별도로 강제동원 국민에 대한 책임을 다하고, 대법원 판결은 일본의 강제동원 기업과 한국에서 청구권자금으로 성장한 기업이 기금을 마련해서 '위자료'를 지급하는 것으로 해결하는 방안이 있을 수 있다. 이는 한국 정부가 책임을

이행하면서도 대법원 판결을 훼손시키지 않는 방안으로
'1+1/α'안이라고 부를 수 있는 내용이다.

결국 강제동원 문제는 세 개의 층위를 만족시키는 복합
공간 속에서 해결의 방향으로 나아갈 수 있을 것이다. 세 개
의 층위란, '역사적 정의의 확인', '정치적 현실의 고려', '사법
부 판결의 이행'이라는 층위로, 이 세 가지 층위의 중층적 공
간 속에서 복합적, 포괄적 해결을 모색할 필요가 있다.

이 가운데 가장 큰 난관은 문제 해결의 기초이자 한일관
계 재구성의 목표인 '역사적 정의의 확인' 문제로서 식민지
지배의 불법성을 확인하는 일이다. 그런데 이는 사실은 한일
간에 이미 그 기초가 마련되어 있어서, 2010년 간 나오토 담
화를 계승해서 한일 간 공동성명에서 이를 재확인하는 것을
통해 해결에 준하는 결과를 얻을 수 있다. 다음으로 '정치적
현실을 고려'한 노력인데, 이 층위에서 우리 정부는 일본을
상대로 한 외교적 노력이 아닌 우리 정부의 선제적·독자적
행동으로 문제 해결을 위한 노력이 가능하다. 그것은 1919년
에 수립된 대한민국의 책임을 인정하여, 대한민국이 주체가
되어 과거청산을 하는 것이다. 이는 '사법부 판결'을 훼손하
지 않는 방법으로서 강제동원 피해자에게 배상을 실시하는
것이 된다. 또 하나의 층위는 '사법부 판결의 이행'을 확인하
는 과정인데, 이는 해당 일본 기업이 사법부 판결에 응해서

배상을 실시하는 것이다. 이에 대해서는 원고 측 변호사인 임재성 변호사가 제시한 가이드라인이 참고가 될 수 있다. 즉 임재성 변호사는 소송의 피고 측인 신일철주금(현 일본제철)의 사과가 전제될 때, "다른 관계를 시작할 수 있다"고 하여, 압류자산을 현금화하는 방법 이외의 판결 이행에 길을 열어 놓고 있다.

4) 제언1: 강제동원 문제 '해결'을 위하여

세 가지 층위가 순서대로 진행되어야 할 필요는 없으며, 그럴 수도 없다고 생각된다. 첫째 층위에서 역사인식이 후퇴하는 일본 정부를 상대로 역사적 정의를 확인하는 일은 쉽지 않은 문제이기 때문이다.

상대방의 의도와 실천 여부에 관계없이 우리 정부가 독자적으로 이 문제를 돌파할 수 있다는 점에서 우리는 두 번째 층위에서 적극적인 자세를 취할 필요가 있다. 과거 정부들은 우리 정부의 책임을 회피해 왔다. 대한민국이 1948년에 건국되었다는 역사인식에서 자유롭지 못했기 때문이다. 우리 국민은 이러한 역사인식을 담으려는 박근혜 정부의 시도에 저항했고, 이러한 열망은 광화문 광장에서 국민적 총의로 표출되었다. 문재인 정부는 그 총의에 입각해서 대한민국이 1919

년에 탄생했다는 역사 인식 위에 서서, 이를 적극 실천하는 모습을 보여야 할 것이다.[1]

그런 다음에는 '사법부 판결의 이행'을 확인하는 절차로 나아가는 것인바, 이에 대해서는 일본 기업이 사과를 한다면 소송 당사자 사이의 제3의 해법으로 나아갈 수 있으며, 이를 거부할 경우에는 압류자산을 현금화하여 배상을 실시하는 것으로 판결 내용을 완결할 수 있다. 이때 우리 정부는 우리 사법부의 판결이 '국제법 위반' 상태를 만들었다는 일본 정부의 주장에 대해 적극 반론을 제기하여, 이를 상쇄하는 노력을 기울일 필요가 있다. 일본의 논리는 국제법과 국내법, 국

---

[1] 이 경우 고려해야 할 것은 우리 정부가 실시해야 할 배상의 규모다. 한국인 동원 규모는 '대일항쟁기 강제동원 피해조사 및 국외 강제동원 희생자 등 지원위원회'의 『활동결과보고서』에 따르면, 1939년부터 1945년까지 강제동원된 피해자는 7,804,376명이다. 이 가운데 '일제강점하 강제동원 피해진상규명위원회'에 신고한 피해자로서 피해를 인정받은 피해자 건수는 218,639명이다. 한편, 현재 일본 기업을 상대로 제기된 강제동원 피해 손해배상 청구소송은 2020년 7월 13일 현재 18건 1,077명이다. 한편 강제동원 배상청구 소멸 시효는 2018년 대법 선고를 기준으로 한다는 것이 일반적인 인식이다. 이를 기준으로 하면 대법원 판결로 '권리행사 장애사유가 해소되고', '손해 발생 사실을 인지하고부터 3년'에 해당하는 2021년 10월 30일에 배상청구권이 소멸된다고 할 수 있다. 따라서 올 10월 30일까지 추가적인 청구소송이 제기되지 않는다면, 현재 소송이 진행 중인 원고들에 대해 모두 강제동원이 사실이 인정될 경우, 1,077명이 배상 실시 대상이 된다. 2018년의 대법원 판결에 제시된 배상액 2억원을 기준으로 할 경우, 약 2,154억원이 필요하다는 계산이 나온다.

제법과 헌법의 관계에 대한 일반적이고 교과서적인 국제법 이해에 비추어도 맞지 않을 뿐더러, 스나가와(砂川) 소송과 고카료(光華寮) 소송 등 일본 사법부의 실제 판결에 비추어도 맞지 않은 일방적 주장일 뿐이다. 이에 대해 명확히 우리의 주장을 전개하여, 우리 대법원 판결을 이행하는 것이 정당하다는 점을 확인할 필요가 있다.

최종적으로는 '역사적 정의의 확인' 문제와 관련해서, 일본 기업이 사죄를 하는 것으로 제3의 해법을 모색한다면, 이는 위에 제시한 바와 같이 2010년 간 나오토 담화 수준에서 일본이 책임을 수용한다는 것인바, 이를 한일 간 공동선언에 반영하는 것으로 역사적 정의를 확인할 수 있다.

이때 참고로 할 수 있는 것은 중국인 노동자의 강제노동 사실을 확인하고 실질적 구제로 화해가 성립한 니시마쓰건설(西松建設) 소송이다. 2007년 4월 니시마쓰건설 소송에 대해 일본 최고재판소는, 중일공동선언에 의거하여 개인청구권은 실체적 청구권이 소멸했다고 볼 수 없다면서도, 재판을 통해 실현할 수 없다는 판단을 제시했다. 그럼에도, 청구권의 포기는 재판상의 권능을 소멸시킨 데 머무르는 것으로, 최고재판소는 강제노동 사실을 인정하고, 니시마쓰건설이 피해자들의 피해 구제를 위해 노력할 것이 기대된다고 하여 자발적으로 배상을 실시할 수 있다고 판단했다. 2009년 10월과

2010년 4월, 도쿄 간이재판소에서 화해가 성립하여, 니시마 쓰건설은 강제연행 사실을 인정하여 사죄하고, 2009년엔 2억 5천만 엔, 2010년엔 1억 2천 800만 엔을 중국 민간단체에 신탁하여, 중국인 노동자들에 대한 보상과 위령비 건설 비용으로 충당했다. 주목할 것은 일본 최고재판소가 '강제노동 사실'이 있었음을 인정하고 '니시마쓰건설이 피해 구제를 위해 노력할 것이 기대된다'고 권고한 것이다. 즉 국가 간 조약과는 별도로 '가해−피해 사실'이 인정된다면 당사자는 실질적 구제를 위해 노력해야 하며, 정부는 이를 막을 수 없다는 사실이 확인되었다.

재판이 진행되는 동안 일본 정부 뒤에 숨어 있던 일본제철이 즉시항고를 결정했다는 것은, 그 의도 여하에 관계없이 한국 사법부의 절차 안에서 피해자와 직접 마주하겠다는 의사를 표명한 것으로 볼 수 있다. 우리는 이를 일본 정부가 피고 기업에 걸어 놓은 빗장의 한쪽 끝이 풀어진 것으로 해석하여 직극적인 행동에 나설 필요가 있다. 일본제철의 즉시항고는 개인의 권리가 실현되는 것을 최우선 과제로 대일 외교를 전개할 수 있는 공간을 우리 정부에 열어주고 있다.

그러나 당사자인 일본제철이 이러한 해법을 부정한다고 해도, 사법부 판결을 이행하는 두 번째 층위에서 역사적 정의는 이미 확인되는 것인바, 남은 것은 일본 정부와 기업이 이를 수용할 것인가의 문제일 뿐이다. 이 경우, 강제동원 문제는 일본 정부에게 숙제로 남겨 두고 대일 외교는 투트랙 접근의 기조로 돌아갈 수 있게 된다.

3. '위안부' 판결과 해법

1) 일본군 '위안부' 판결 이후의 '위안부' 문제

일본군 '위안부' 문제는 2021년 1월 8일 서울지방법원의 획기적 판결로 새로운 단계에 진입했다. 이 판결은 '위안부' 문제를 반인도적 범죄행위로 규정하고 국가면제 뒤에 숨어 진실을 호도하는 일본 정부의 책임을 확정하는 획기적인 판결이었다. 위안부 문제 해결을 촉구해 온 피해 당사자들과 지원 단체의 30년에 걸친 운동이 국제법의 역사에서 새로운 흐름을 만들어내는 성과였다. 그러나 판결이 획기적인 만큼, 그 해결 또한 획기적 결단과 용기에 의해 가능한 것인데, 현재 일본은 그런 용기를 갖지 못하고 있다. 따라서 우리 정부의 외교 노력이 중요하다. 다만 이 문제 역시 강제동원 문제와 마찬가지로 역사적 정의, 사법적 절차에 더해 정치적 현실이라는 3차원 공간 속에서 최적해를 찾아내는 외교 노력이 중요하다.

한편 '종군위안부'라는 용어를 부정하며 이를 교과서에도 반영하려는 일본 정부의 최근 언동은 고노담화는 물론 2015년 합의에 명백히 위배되는 행동이다. 합의 사문화의 책임이 일본에 있음을 확인해 주고 있다. 그러면서도 일본 정부는 이러한 움직임이 고노담화를 부정하는 것이 아니라고 주장하고 있다. 이런 현실에서 일본 정부가 고노담화의 내용을 확인하고 이로부터 재출발하는 것이 문제 해결의 입구가 된다. 고노담화에는 역사연구와 역사교육을 통해 사실을 규명하고 기억을 계승하기 위해 일본 정부가 노력한다는 문구가 포함되어 있다. 2015년 합의에서 모자란 부분이 이 부분이다. 고노담화의 기본 정신을 존중하고 이에 입각한 해결에 일본이 진정성 있는 모습을 보인다면, 문제는 일거에 해결의 방향으로 나갈 것이다.

한편 피해자이자 인권운동가인 이용수 님이 '위안부' 문제를 국제사법재판소(ICJ)에 회부하자고 주장하는 것은, 이러한 방식이 실현되지 않는 데 대한 답답함에서 나오는 것으로 이해된다. 다만, 이러한 방식이 국제사회에서 우리 주장을 전개하고 문제를 환기하기 위한 방법으로 장점을 가지고 있다고 하더라도, 우리 정부가 2015년 합의를 정부 간 공식 합의로 인정하고 있고, 4월 21일에 나온 또 다른 '위안부' 판결이 이러한 우리 정부의 입장을 고려한 내용이어서, 일본의 법적 배상이라는 주장을 관철하기 어려운 환경이 만들어졌다.

따라서 고노담화에 입각해서 일본 정부가 해결의지를 보이도록 이끌어 내는 것이 피해자 입장을 중시하는 해결이며, 이것이 우리의 외교 과제라 생각한다. 이는 1월 8일 판결 이후, 피해자들이 판결 내용을 환영하면서, 금전적 배상이 아니라 일본의 진정성 있는 반성과 사죄를 요구하고 있는 현실에도 부합하는 해결 방식이다. 예컨대 이용수 할머니나 이옥선 할머니는 "세계시민이 모두 인식할 수 있는 수준의 일본 총리의 공식적 사죄와 제대로 된 역사교육"의 필요성을 강조하고 있다(이용수 할머니, 2021.01.15. ; 2021.01.27. ; 이옥선 할머니, 2021.01.25.). 또한 정의기억연대는 1월 20일의 성명을 통해 일본이 "전쟁범죄 사실을 인정하고 진실을 규명하며 재발방지를 위한 구체적인 실천"이 포함된 "최종적 불가역적 사죄"를 공식 사죄로 요구하고 있으며, 1월 27일의 성명에서도 "배상하고 공식 사죄하라, 역사 왜곡 현실호도를 중단하라, 진상규명과 역사교육을 실시하라"고 요구하고 있다. 김강원 변호사와 이상희 변호사 등도 3월 2일 여가부 장관과의 면담을 통해, ICJ 제소에 반대하는 입장을 나타내며, 일본정부의 사죄가 중요하다는 입장을 피력했다.

2) 일본군 '위안부' 판결 이후 우리 정부의 입장

1월 8일, 한국 외교부는 2015년 합의에 대한 종래의 입장에 입각해서 합의가 "양국 정부의 공식 합의"임을 상기한다고 논평하고, "정부 차원에서는 어떠한 추가적인 청구도 하지 않을 방침"임을 확인했다. 1월 18일, 문재인 대통령도 신년기자회견에서 "2015년도에 양국 정부 간에 위안부 문제에 대한 합의가 있었다"며, 한국 정부는 그 합의가 양국 정부 간의 공식적인 합의였다는 사실을 인정하고, 그 토대 위에서 이번 판결을 받은 피해자 할머니들도 동의할 수 있는 그런 해법을 찾아 나갈 수 있도록 한일 간에 협의를 해 나가겠다고 입장을 표명했다. 이에 대해 정의기억연대 등은 반발했으나, 문재인 대통령은 2018년 1월 신년기자회견에서도 거의 같은 입장을 표명한 바 있어서, 우리 정부와 문재인 대통령이 종래의 입장을 수정하거나 갑작스러운 방향 전환을 시도한 것이라고는 할 수 없다. 문재인 대통령은 2017년 연말의 위안부 합의 검증 TF 보고서가 나온 상황에서 열린 취임 후 최초의 기자회견에서, '위안부' 문제는 '상대가 있는 일'이며 '외교적인 문제'로서 '앞 정부에서 공식적인 합의를 했던 일'이기 때문에 "우리가 충분히 만족할 수 없다 하더라도 현실적으로 최선인 방법을 찾아내야" 한다는 입장을 피력한 바 있었다.

2021년 1월 22일에는 강창일 주일대사가 "(현재 보관 중인) 일본 정부의 위안부 재단 기금을 합쳐 한일 양국이 새로운 기금을 만들어" 대응하는 방법을 제시했다. 이때 강창일 대사도 "2015년 한일 양국 간 맺어진 위안부 합의는 한국 정부가 파기한 적이 없고 유효하다"고 확인했으며, '화해·치유 재단' 해산에 대해서는 "재단 이사장들이 스스로 사임해서 자동으로 없어진 것"으로 한국 정부가 압력을 넣은 것이 아니라고 발언했다. 잔금 약 6억 엔에 대해서는 "그 돈을 합쳐 양국 정부가 진지하게 한 공동체가 돼 기금을 만드는 일에 대해 얘기해야" 한다는 인식을 피력했다.

1월 23일 0시를 기해 일본 정부가 항소하지 않아 판결이 확정되었고, 이에 대한 일본 외무대신의 담화가 발표되었다. 담화에서 일본 정부는 2015년 합의 준수를 촉구하고, 한국에 대해 "국제법 위반 상태를 시정하기 위하여 적절한 조치를 강구할 것을 다시 강력히 요구"했다. 이에 대해 한국 외교부는 입장문을 발표하고, 2015년 합의가 한일 양국 정부 간의 공식 합의임을 인정함과 동시에 피해 당사자들의 의사가 반영되지 않은 정부 간의 합의만으로 진정한 문제 해결이 될 수 없다는 입장을 밝혀 왔으며, 이에 따라 우리 정부는 일본에 대해 정부 차원에서는 어떤 추가적인 청구도 하지 않을 방침이나, 피해 당사자들의 문제 제기를 막을 권리나 권한을 가지고 있지 않다고 확인했다. 우리 정부는 위안부 피해자들과 상의하며 원만한 해결을 위해 끝까지 노력할 것이지만, 일본 측 또한 스스로 표명했던 책임 통감과 사죄 반성의 정신에 입각하여 피해자들의 명예 존엄 회복과 마음의 상처 치유를 위한 진정한 노력을 보여야 할 것이라는 입장을 표명했다. 이는 우리 정부가 2015 합의의 기본 정신에서 출발하겠다는 입장을 피력한 것이라고 할 수 있다. 그러나 지금 문제는 고노담화의 형해화라고 할 수 있다. 우리 정부는 2015년 합의에 앞서서, 형해화하고 있는 고노담화로 돌아가 일본 정부가 이를 계승할 의지가 있는지 다시 확인할 필요가 있다.

3) 정치적 합의로서 일본군 '위안부' 합의의 법적 효력 문제

우리 정부의 입장에는 2015년 합의가 공식적 합의라는 입장과, 이것으로서 해결되지 않았다는 입장 사이에 간극이 있다. 우선 이 간극을 2015년 합의의 법적 효력을 부여하는 노력을 통해 메워야 한다. 무엇보다도 2015년 합의의 핵심 부분인 사죄와 반성의 표명의 주체가 공인(公人)인지 사인(私人)인지 불분명하다는 점이 문제가 된다. 따라서 2015년 합의에서 사죄와 반성의 주체가 공인으로서 일본내각총리대신인지 여부에 대해 일본 정부가 확인할 필요가 있다. 이는 2015년 합의를 문서로 만들어 서명하는 것으로 해결될 수 있다. 그 이전에라면, 적어도 일본 정부가 거듭해서 합의의 내용을 확인하는 것이 필요하다. 우리는 이러한 과정을 센카쿠 열도(댜오위다오)에 대한 미일안보조약 제5조 적용의 문제에서 확인할 수 있다. 이는 정치적 구두 합의에 불과하여 법적 효력에 한계가 있기에 미일의 정부가 교체될 때마다 구두로 이를 반복적으로 확인하고 있다.

한편 합의로서 존재하지만, 미완의 해결이라는 것은 이 합의가 문제 해결에 대한 합의가 아니라, 문제 해결의 원칙을 확인하는 로드맵에 대한 합의라는 점을 확인해 주고 있다. 따라서 이는, 비록 그 안에 구체적 해법이 제시되어 있다고 해도, 그 법적 효력에 한계가 설정되어 있다는 것을 의미한다.

4) 제언2: 일본군 '위안부' 문제 '진전'을 위하여

2015년 합의 이후 합의의 문제점을 지적하고 이를 비판하는 과정에서 '위안부' 관련 운동이 더 확산되고, 국민적 관심이 커졌으며, 피해자 중심 접근이 문제 해결의 기본 원칙으로 자리 잡게 되었다. 그러나 합의 파기나 재협상은 우리 정부의 공식 입장이 아니며, 그 경우 오히려 한국과 일본의 역사부정론자들에게 기회를 줄 수 있다, 나아가 우리 정부가 파기를 선택할 경우 파기 이후의 전망도 서 있지 않다는 점을 '정직하게' 수용할 필요가 있다.

우리 정부가 2015년 합의를 정부 간 공식 합의로 인정하면서도, 사법부 판단에 따라 이 합의가 법적 효력을 발휘하지 못하는 상황에서, 합의의 파기나 재협상도 아니며 합의 유지도 아닌 제3의 방법으로 풀겠다는 것이라면, 2015년 합의를 전취(戰取)하여 재전유(再專有, re-appropriation)하는 방법을 고려할 필요가 있다. 재전유란, '전유된 기호가 차지하는 문맥 또는 맥락을 변경하여 특정한 기호를 다른 기호로 작용하게 만들거나 다른 의미를 갖도록 만드는 행위'를 말한다.

합의의 일본 발표 내용 가운데 일본이 약속한 중심 사업은, 한국이 재단을 설립하고, 일본이 10억 엔을 거출하여, 일본과 한국 양국이 협력하여 피해자 명예와 존엄 회복, 상처 치유의 사업을 행하기로 한 것이다. 즉 10억 엔 거출과 전달로 일본의 책임 이행이 완료된 것이 아닌 것이다. 즉 2015년 합의는 프로세스에 대한 합의로, 문제 해결을 위한 로드맵을 공유하고 함께 노력하자는 것이 그 내용이다. 즉 일본 정부의 이행 의무가 10억 엔을 거출하는 것이 아니라, 피해자 명예와 존엄 회복, 상처 치유 사업의 실시에 있다는 점이 합의 당사자인 한국과 일본 정부 사이에서 분명히 공유되어야 한다.

우리 정부가 10억 엔을 정부예산으로 충당하고 그 사용을 위해 일본과 협의하겠다는 것은 재협상을 하겠다는 것이 아니라, 10억 엔의 의미를 확인하겠다는 것이다. 일본 정부의 예산 조치가 일본 정부의 가해 사실 및 책임 인정과 공식 사과와 함께 이루어지는 것일 때, 피해자들은 이를 수용 가능하기 때문이다. 따라서 우리 정부가 일본 정부에 요청하는 '행동'은 '진실 인정, 진심을 다한 사죄, 재발 방지 노력'이다. 이는 '추가조치'가 아니라 '필요조치'로서, 합의의 외부에서 추가적으로 요청하는 것이 아니라, 합의 이행 과정에서 필요한 조치다.

'최종적 불가역적 해결'과 관련해서는 이것이 '최종적 불가역적 사죄'를 전제로 이루어지는 것으로 해당 문장의 시제에 주목할 필요가 있다. 1965년 협정이 "해결된 것이 된다는 것을 확인한다(解決されたこととなることを確認する)"고 되어 있는 것과 대비해, 2015합의는 "해결될 것임을 확인한다(解決されることを確認する)"고 되어 있다. 이는 2015합의가 프로세스에 대한 합의였음을 의미한다. 그런 의미에서 2015합의는 로드맵의 의미를 지니고 있다. 즉 일본 정부가 '앞서 표명한 조치를 착실히 실시한다는 것을 전제로' 언젠가 해결될 것임을 확인한 것이다.

또한 합의에 따르면 일본 정부가 실시할 조치란, '모든 전(前) 위안부 분들의 마음의 상처를 치유하는 조치'이며, 구체적으로는 '모든 전 위안부 분들의 명예와 존엄의 회복 및 마음의 상처 치유를 위한 사업을 행하기로 한' 것이다. 따라서 10억 엔의 전달만으로 일본이 약속을 이행했다고 할 수 없다. 또한 '해결될'의 주어가 '이 문제'라는 점을 확인할 필요가 있다. 즉 '이 문제'는 기시다 외상이 언급한 '위안부 문제'이며, 이는 '당시 군의 관여 하에 다수의 여성의 명예와 존엄에 깊은 상처를 입힌 문제'다. 따라서 '이 문제'에는 '평화의 소녀상' 문제와 국제사회에서의 비난 비판 자제의 문제가 포함되지 않으며, 이 두 문제는 2015 합의에서 해결되어야 할 '이 문제'의 외부에 존재하고 있다.

그런 의미에서 일본이 '1 밀리미터도 옮길 수 없다'는 것은 합의에 대한 몰이해(또는 자의적 해석)에 더해 한국 정부의 입장에 대한 몰이해가 확인되는 말이며, 이것이 만일 일본이 취해야 할 '필요조치'에 대한 거부라고 한다면, 이것이 오히려 합의 위반에 해당한다. 반면, 한국 정부에 대해서만 합의 실시를 요구하는 것 또한 합의에 대한 자의적 해석(또는 과잉해석)에서 나오는 행동이다.

따라서 구체적으로는 아베 내각에 이어, 일본 정부가 2015년 합의를 계승한다는 입장 발표가 필요하다. 즉 내각총리대신으로서 반성과 사죄를 표명한다는 해당 문구를 스가 총리가 공인으로서 확인하고, 이를 피해자들의 마음에 닿는 방식으로 전달해야 한다. 2015년 합의가 한일 정부 간의 합의로서 법적 효력을 구비하기 위해서는 이 부분이 명료하게 해결될 필요가 있다. 나아가 2015년 합의에서 확인한 10억 엔은 고노담화에서 일본 정부가 인정한 대로 일본군에 의한 전시 여성인권 침해 사실을 인정하고, 이에 '일본 정부가 책임을 지고 사과하는 마음의 징표로서 일본의 예산 조치로 거출'하여 전달하는 '사죄금'이라는 사실을 확인할 필요가 있다. 그럼으로써 10억 엔이 합의에서 확인한 대로 피해자의 명예회복과 상처치유를 위해 사용된다는 사실이 확인된다. 여기에서는 조만간 다가올 '피해자 없는 시대의 피해자 중심 접근 원칙'이 구현되어야 한다. 16억 엔의 잔여금과 성평등기금으로 '여성인권평화재단(가칭)' 설립 요구를 반영하여, '진상규명과 연구교육, 기억계승'을 위한 시설을 도서관과 자료관, 박물관의 기능을 갖춘 복합문화공간 즉, 라키비움(Larchiveum)의 형태로 설립하여, 국제사회와 미래로 열린 해결의 거점을 마련하는 것이다. 이는 2015년 합의에서 불분명하게 처리된 부분이나 고노담화에 명확히 제시되어 있는 것으로, 재단 설립은 고노담화를 계승하는 일본 정부의 의지를 최종적으로 확인할 수 있는 핵심 사업이라고 할 수 있다. 또한 이는 미래로 열린 해법으로서, '최종적 해결'에 대해 의구심을 갖는 우리 측 피해자와 지원 단체가 수용할 수 있는 최소한의 방법이며, 위안부 문제의 '진전'이라고 할 수 있는 해법이다.

와다 하루키(和田春樹), 우치다 마사토시(内田雅敏) 등 일본의 원로 지식인 8명이 3월 24일에 발표한 공동논문 "위안부 문제 해결을 위해"는 일본 정부의 공개적 사죄 표명과 전달, '위안부'문제연구소의 설립과 운영 등을 제안하고 있어서 이러한 해법의 타당성을 뒷받침해 주고 있다.

4. 한일관계 재구축의 필요성

2021년 4월 21일에는 '위안부' 소송에서 패소 판결이 나왔다. "현시점에서 유효한 국가면제에 관한 국제관습법과 이에 관한 대법원 판례에 따르면 일본 정부를 상대로 주권적 행위에 대해 손해배상을 청구하는 것은 허용될 수 없다"며, "2015년 12월 한일 합의(도) 이들이 지난 시간 겪어야 했던 고통에 비하면 충분히 만족스럽다고 보긴 어렵다"면서도, "이 합의와 이에 따른 후속 조치에 의해 피해자들을 위한 대체적인 권리 구제 수단이 마련됐다는 것 자체는 부정하기 어렵다"는 것이 그 이유였다. 판결은 또한 "(이 판결이) 한국과 일본 정부 사이에 이뤄진 외교적 합의의 효력을 존중하고 추가적인 외교적 교섭을 원활하게 하기 위함이지, 일방적으로 피해자들에게 불의한 결과를 강요하기 위한 것이 아니다"라고 확인하고 있다. 그러나 "한일 합의에 의해 피해자들의 권리가 처분됐다거나 소멸했다고 보는 것도 아니다"는 입장도 확인하고 있어서, 1965년 체제의 한계를 지적하고 있다는 점에서는 일련의 판결과 궤를 같이하고 있다.

2차 위안부 소송 판결을 포함하여, 일련의 판결들은 국교정상화 이후 한일관계의 근본을 이루는 1965년 체제의 '구조'에 문제를 제기하고 있다. 한일기본조약에서는 식민지배의 기원이 된 1910년의 조약이 무효라는 사실을 확인하고 있는데, '이미 무효'라는 문구의 해석을 둘러싸고 서로 다른 해석을 하고 이를 암묵적으로 용인해 온 것이 문제이며, 한일 청구권협정은 1항과 2항 사이의 관계가 문제다. 이것이 1965년 체제의 한계를 설정했다.

대법원은 청구권과 경제협력의 대가성 여부가 불분명하기 때문에 청구권협정으로 강제동원으로 인한 손해배상 문제를 해결했다고 보기 어렵다고 판단하고, 피해자들이 일본 기업에 요구한 손해배상이 실시되어야 한다는 것을 확인했다. 나아가 한일 양국 정부가 기본조약과 청구권협정에 대한 해석을 일치시켜 식민지배의 불법성을 확인할 것을 한국 정부에 요구하고 있다. 일련의 위안부 판결도 한국 정부에 일본 정부를 상대로 한 외교 노력을 주문하고 있다.

우리 정부가 강제동원이나 '위안부' 문제 관련한 일련의 판결을 존중한다면, 피해자들이 사법적 해결에 나서는 것을 보고만 있을 것이 아니라, 1965년 체제의 한계를 극복하기 위한 외교 노력을 보다 적극적으로 기울여야 한다.

우선은 우리 정부가 선제적·독자적 행동으로 해결의 입구를 마련할 수 있는 강제동원 문제부터 해결해 들어가는 것이 현실적이라고 할 수 있다. 또한 '위안부' 문제 또한 한국 정부가 2015년 합의를 정부 간 합의로 인정하고 있다는 점을 출발점으로 삼는다면, 이를 재전유하는 방식으로 피해자 중심의 접근을 실현할 수 있다. 다만, 이에 대해서는 피해자들의 이해와 지지가 필요하며, 국민적 동의가 필요한 일이기에 사회적 대화기구를 마련하여, 다양한 입장의 피해자와 전문가 및 활동가들이 담당 정책결정자들과 함께 해법을 논의할 장소와 시간을 갖는 것이 무엇보다도 중요하다.

2

외교안보 분야 개선 방안

한일관계 외교안보 분야
현황 및 개선 방안

2021년 1월, 동맹 중시의 바이든 정부 출범을 계기로 한일관계의 개선에 대한 압력이 강해질 것으로 보인다. 한일 간의 과거사 문제의 민감성에 비추어 대일 투트랙 어프로치의 기조 위에서 중장기 국익과 대일 비판적 여론 사이에서 균형과 정책 일관성을 유지할 필요가 있다. 2019년에 개시된 일본의 대한국 수출규제 조치의 본질은 징용피해자 관련 한국 정부의 대응에 대한 보복조치라고 할 수 있는바, 양국은 과거사와 기타 현안의 분리 대응이라는 외교 기조로 복귀하여야 한다.

문재인 정부가 남은 임기 동안 기존 대북 정책의 기조를 유지하고 한반도에서 긴장을 최소화하기 위해서는 한미일 대북 공조를 통해 미일을 한반도 평화프로세스에 적극적으로 견인해야 한다. 일본인 납치문제 해결에 대한 협력, 일본의 대한국 수출규제조치의 철회 및 GSOMIA의 정상화, 북한 비핵화 및 대북 억지력 확보(미국의 확장 억지 제공 재확인)와 대북 대화의 병행 추구, 중국의 협력을 견인하기 위해 미중 관계의 협력 사안으로 한반도 문제 강조 등을 적극적으로 제안하는 방안을 검토할 필요가 있다. 이를 위해 '완전한 비핵화'와 단계적 접근의 장기 비핵화 로드맵을 조합하되, 북한의 비핵화 의지에 대한 재확인을 위해 한국 측이 중재자적 역할을 수행하는 방안을 검토해야 한다.

향후 미중 전략 경쟁이 본격화할 경우, 군사안보는 물론 경제안보에서 역내국이 두 진영으로 양분되어 〈미일 vs. 중러〉의 신냉전과 같은 대결 구도가 정착되고 지역질서가 불안정해질 우려가 있다. 바이든 정부가 중국 배제의 공급망 및 첨단 기술의 패권 구축에 나설 경우, 미중 간에 새로운 아키텍처 경쟁이 전개될 가능성이 있다. 반도체, 차세대 통신시스템(5G), 생명공학, AI, 양자 과학 등 기술의 연구개발에서 미일 중심으로 분야별로 배타적인 그룹을 형성하여 관련 정보의 공유, 투자 기회의 제공 등을 제한할 경우 역내국들의 자유로운 시장 참여가 제한될 수 있다. 한국은 미국 주도의 첨단기술 분야 아키텍처 경쟁에서 반도체, 5G/6G, 배터리 등 우리가 경쟁력을 지닌 분야를 레버리지로 활용하면서 협력해야 한다.

미중 전략 경쟁의 장기화에 대비하여 한국은 한일관계의 개선과 함께 호주, 인도, 아세안 세력과의 다자외교를 강화할 필요가 있다. 한국은 미일의 인태전략과 한국의 신남방정책과의 협력을 모색하고, 특히 아세안 국가들에 대한 인프라 지원과 해양안보에 대한 기여를 확대하는 방안을 검토해야 한다. 인권, 민주주의 가치, 자유시장경제, 규칙 기반의 질서 등에 지지 입장을 표명하고, 미국이 중시하는 기후변화, 녹색성장, 클린에너지 분야, 방역 백신, G7 확대정상회의, D10 민주주의 정상회의 등 글로벌 차원의 노력에 대해서는 적극 협력해야 한다. 한국은 일본과 협력하여 개도국 코로나 19 대응을 공동으로 지원하고, 국제적 방역체제와 관련하여 '동북아 방역공동체' 구축 등 협력 플랫폼의 구축을 제안할 수 있을 것이다.

한일관계 현황 및 개선 방안*

조양현

(국립외교원 교수)

1. 한일관계의 갈등 구조

탈냉전 이후 과거사 및 독도 문제가 분출하여 역대 정권마다 한일관계에서 대결 양상이 속출하였는데, 특히 2010년대 과거사 문제가 한일관계의 핵심 현안으로 등장하여 한일 양자관계는 물론, 한미일 협력 및 한미동맹에도 부정적인 영향을 미쳤다. 역사수정주의 시각이 강한 아베 내각의 등장 이후에 한일관계에서 정경분리원칙(투트랙 외교)이 침식되어 과거사와 기타 현안(안보나 경제 현안)이 연계되는 경우가 늘어났다.

---

* 본고는 외교부 입장과는 무관한 개인 의견임

문재인 정부 출범 이후에 한일관계는 한층 악화되었다. 우선 아베 내각은 한국의 대중경사론을 제기하여 미국의 동아시아 전략에서 한국의 전략 가치 하향화 즉, 탈한론(脫韓論)을 추진한 의혹이 있다. 아베 내각 시기에 일본 정부 문서의 한국 관련 기술에서 "자유, 시장경제, 법치, 인권 등 기본적 가치를 공유하는 국가"가 삭제되고, 2020년 방위백서에서도 한국 관련 기술이 축소되었다. 또한 (CP)TPP, 4자 안보협력, 인도태평양 전략 등에서 한국 배제, 대한국 수출규제강화, G7 확대 및 한국 참가 반대, WTO 등 국제기구 수장에 한국인 진출 반대 등에서 보듯이, 일본 정부는 국제정치경제에서 한국을 배제 혹은 견제했다.

2019년 7월에 일본 정부가 한국에 대한 수출규제조치를 실시하고, 이에 대해 한국은 한일군사정보보호협정(GSOMIA)의 불연장 방침을 결정하는 등 한일관계는 과거사는 물론 경제와 안보 분야에서 전면 대결의 국면으로 악화되었다. 2020년 9월에 일본에서 스가 내각이 출범했지만, 일본 정부의 대외정책에서 한일관계가 차지하는 정책의 우선순위에는 변화가 없었다. 스가 내각 출범 후에 한국 정치인과 정부관계자의 일련의 방일이 이어지고, 문재인 대통령이 한일관계 개선의 의지를 표명하였음에도 불구하고, 한일관계 개선을 위한 돌파구는 가시화되지 않았다. 한국 정부가 과거사 관련 입장을 바꾸지 않는 한, 스가 내각이 정치적 부담이 따르는 한일관계의 개선에 적극적으로 나올 가능성은 크지 않다.

2. 바이든 정부 출범과 한일관계

2021년 1월, 동맹 중시의 바이든 정부 출범을 계기로 미국의 대아시아 전략에서 '약한 고리'인 한일관계를 개선하려는 움직임이 강해질 것으로 보인다. 북핵문제를 위한 한미일 삼국협의체(TCOG)가 설치된 것은 미국 클린턴 정부 시기였으며, 한미일 외상회담의 정례화 등 한미일 협력의 제도화를 가장 적극적으로 추진한 것은 오바마 정부 시기였다. 한미일 간의 '동맹 관리'에 위기의식을 느낀 오바마 정부는 한일 과거사 갈등에서 2015년 한일 양국 간 위안부 해결을 위한 합의가 도출되는 데 중요한 역할을 하였다.

이와 같은 민주당 외교의 전통을 계승한 바이든 정부는 대북 공조, 한미일 안보 협력 차원에서 한일관계 개선을 강하게 압박할 것으로 예상된다. 실제로 2021년 2월에 제출된 미국의회보고서(CRS)는 한일관계가 2018년 이후 지난 수십 년 중에서 최악이라고 우려하고, 바이든 정부가 한미일 3국 간의 북한 문제 조율에 앞서 한일관계의 개선에 나설 것이라고 전망했다. 지난 3월에 발표된 국가안보전략 잠정지침(Interim

National Security Strategic Guidance), 동경과 서울에서 개최된 미일 및 한일 2+2, 지난 4월에 개최된 미일정상회담에서 같은 취지가 표명되었는데, 한일관계 악화에 대한 미국의 위기의식을 느낄 수 있다.

바이든 정부 출범 이후 일본은 긴밀한 미일동맹을 축으로 미국의 아시아 정책에서 존재감을 확대해 오고 있다. 트럼프 정부 시기에는 한미 양국이 한반도 문제와 북한 문제를 주도하였고, 일본의 역할은 제한적이었다. 반면 바이든 정부는 대북한 정책의 추진에서 한국, 일본과 협력을 중시하겠다는 입장인바, 일본은 한반도 문제에 중요한 영향력을 행사하는 국가가 되었다. 지난 3월의 미일 2+2 회의와 4월의 미일정상회담에서 알 수 있듯이, 미국은 바이든 정부의 장관급 첫 외국 방문 및 첫 대면 정상회담의 상대로 일본을 택했다. 미국에게 있어 일본은 "중국 견제의 최전선에 있는" 동맹국일 뿐만 아니라, 대북한 정책의 추진에 있어 한국과 함께 협력해야할 핵심 당사국인 것이다.

3. 대일 투트랙 외교의 복원

한일 양국은 경제와 안보 분야에서 양국 간에 원활한 의사소통이 되지 않으면 쌍방이 손해를 보는 관계에 있는바,

국익 극대화를 위해서 상호 협력의 필요성을 인식해야 한다.

2019년 한일관계에서 보듯이, 한일 간의 역사, 안보 및 경제 분야의 전면 갈등은 양국의 안보 및 경제는 물론 한미관계, 한반도 비핵화에 부정적인 영향을 초래할 수 있는바, 과거사 문제 관련 원활한 협의를 통해 우리의 대북정책에 일본을 관여시켜 나가야 한다. 중국의 부상에 대응하는 동아시아 지역질서 구축에서 한일 양국은 공통부분이 많음에도 불구하고 아베 정권 이래 과거사 갈등을 관리하지 못하고 한일 간의 전략협의 체제가 자취를 감추었다. 미국과의 동맹관계에 내재하는 불확실성 및 미중 전략경쟁과 같은 국제정치경제의 불투명성 등을 감안할 때, 한일 양국이 신뢰관계를 회복하는 것이 양국의 국익 극대화에 부합한다고 할 수 있다.

대일 외교의 재정립이라는 중장기적 관점에서 한일관계를 이전과 같은 '다트랙 병행구도'와 '점진적 접근'의 협력 틀로 되돌리는 포괄적 전략과 노력이 필요하다.

한일 간의 과거사 문제의 민감성에 비추어 대일 투트랙 어프로치의 기조 위에서 중장기 국익과 대일 비판적 여론 사이에서 균형과 정책 일관성을 유지할 필요가 있다. 과거사 문제는 한일 양자 현안을 넘어 미중 패권경쟁 혹은 경제 및 안보 이슈와 연동될 수 있다는 점에서 파급력이 큰 사안인바, 양국은 국내정치와 대외정책의 한쪽만을 볼 수 없으며, 중장기적인 국익 관점에서 분리 대응해 나갈 필요가 있다.

2019년에 개시된 일본의 대한국 수출규제 조치의 본질은 징용피해자 관련 한국 정부의 대응에 대한 보복조치라고 할 수 있는바, 양국은 과거사와 기타 현안의 분리 대응이라는 외교 기조로 복귀하여야 한다. 2018년 10월의 한국 대법원 판결을 계기로 아베 내각의 대한국 외교가 사실상 기존의 정경분리에서 정경일치로의 전환을 선명히 하였다고 할 수 있다. 일본 정부는 한국 정부가 피해자 중심주의와 민사문제 불개입의 입장에서 강제징용 관련 현금화 조치를 방치한다고 판단할 경우, 다양한 수단으로 압박해 올 가능성이 있다.

한일 양국이 원칙을 양보하기 어려운 상황에서 근본적인 과거사 문제의 해결이 어렵다면, 징용 피해자 문제 관련 일본 기업 자산의 현금화 조치를 피하는 등의 노력을 통해 한일관계의 악화를 방지하는 것이 현실적인 대안이다.

4. 북한 및 한반도 문제

일본은 긴밀한 미일 동맹관계를 바탕으로 지역안보에서 역할을 확대하고 미국의 아시아 전략에서 존재감을 키우고 있는바, 우리 정부는 일본을 우리의 한반도 정책에 관여시킬 방안을 검토해야 한다.

세계적인 탈냉전을 거치면서 한일의 대북한 정책에는 많은 변화가 나타났다. 한국은 김대중 정부 이래 대북 포용정책을 우선한 반면, 일본의 고이즈미 정권은 대화와 압박을 병행하였다. 당시 한일 양국은 북미 간의 직접 대화를 촉구하는 등 북한 문제에 대한 이해관계가 상당 부분 일치했었다.

2006년 제1차 아베 정권의 출범과 북한 핵·미사일 사태를 계기로 일본의 대북정책 기조가 압박 우선으로 선회하였다. 2017년 한반도 평화프로세스를 추진하는 문재인 정부 출범 이후 대북 정책의 차이는 과거사 문제와 함께 한일관계 전체를 소원하게 하는 주된 요인이었다.

한국 정부는 2018년, 북한의 동계 올림픽 참석과 남북정상회담 및 북미정상회담의 개최를 전후해서 종전선언과 평화협정의 체결을 목표로 지속가능한 남북화해 및 한반도 평화의 토대 마련을 위해 북한과의 대화를 적극적으로 추진하였다.

반면 일본 정부는 북한의 완전한 비핵화를 요구하는 강경론을 견지하였는데, 2018년 6월 싱가포르 북미정상회담을 앞두고 일본은 세 가지를 우려했다.

첫째, 북한 비핵화 관련, 일본은 북한이 핵과 탄도미사일을 포함한 대량파괴무기(WMD)를 포기해야 하며, 완전한 비핵화와 관련한 북한의 구체적 조치가 나올 때까지 최대한의 대북 압박(maximum pressure)을 유지해야 한다고 주장했다. 둘째, 북한 비핵화 문제가 우선되고, 일본인 납치자 문제가 간과되는 상황을 반대했다. 셋째, 한반도 평화체제와 관련하여 한반도의 군사적 균형이 변화할 경우 일본 안보가 위협을 받을 수 있음을 우려했다. 즉, 일본은 한반도 냉전체제의 해체 과정에서 한미동맹의 변화가 일본의 안보 및 동아시아의 파워밸런스에 부정적인 영향을 초래하는 것을 경계하고 있다.

한국 정부는 오는 7월 개최 예정인 동경올림픽을 계기로 북한 김정은 위원장을 초청하여 정상회담을 개최하는 방안을 일본 측에 제안한 것으로 알려졌지만, 이에 대한 일본의 호응을 얻지 못했다. 오히려 지난 3월의 미일 2+2 회의 및 4월의 미일정상회담에서 미일 양국은 북한의 군비가 국제평화와 안정에 대한 위협임을 지적하고, '북한의 완전한 비핵화'에 대한 관여를 재확인하고, 북한에 대해 유엔안전보장이사회 결의의 모든 의무를 준수할 것을 촉구하기에 이르렀다.

미국은 오바마 정부 시기에 북한에 대해 '전략적 인내'로 일관하여 결과적으로 북한의 핵·탄도 미사일 문제를 악화시켰다. 트럼프 정부는 오바마 정부보다 적극적으로 북한 문제에 대응하였으나, 톱다운 방식의 정상외교에 치중하여 실질적인 성과를 도출하는 데 실패하였다는 비판이 뒤따랐다. 미국 바이든 정부는 트럼프 정부가 추진했던 북미정상회담을 실패로 규정하고, 한미일 간의 정책 공조와 바텀업 방식의 실무협상을 통해 북핵 문제에 대응하겠다는 입장이다.

바이든 정부가 발표한 미국국가안보전략 잠정지침은 북핵 관련 동맹 강화 및 바텀업 방식의 실무협상을 통한 북핵 문제의 해결을 제시하고, "북한의 핵·미사일 프로그램에 의해 야기되는 위협을 줄일 수 있도록(reduce the threat)", "군사력의 사용은 첫 번째 수단이 아니라 최후의 수단이며, 외교, 개발 그리고 경제정책이 미국 외교정책의 주도적 수단이 되어야 한다"고 했다. 이는 미국이 대화와 외교를 통한 북한 문제 해결에 임할 가능성을 남겨두고 있다고 볼 수 있는 대목이다.

바이든 정부는 한국, 일본과의 정책 협의를 토대로 대북정책의 재검토 작업을 진행한 결과, 지난 4월 말에 '한반도의 완전한 비핵화'를 위해 트럼프 시기의 '그랜드 바겐(grand bargain, 일괄 타결)'이나 오바마 시기의 '전략적 인내'와 다른 '잘 조정된 실용적 접근법(calibrated, practical approach)'을 제시했다. 이는 북한의 완전한 핵 포기와 제재 완전 해제를 맞바꾸는 '그랜드 바겐'과 북한의 선(先) 비핵화 조치를 전제로 협상에 나서겠다는 '전략적 인내'의 중간인 '단계적 해법'이라고 할 수 있다. 즉, 미국이 한국, 일본과의 협의를 토대로 북한과 선결 조건 없이 협상하면서 북한이 핵 동결(凍結)이나 일부 폐기에 동의하면 미국도 상응 조치를 제공하는 접근법이 될 것으로 보인다.

향후 바이든 정부의 정책 우선순위에서 대북한 정책이 코로나 대책이나 대중국 정책에 비해 현저히 낮거나, 미국의 대북한 정책이 대화보다 압박을 우선할 경우, 북한의 도발 가능성이 커지고 한반도 정세가 긴장될 가능성이 있다. 따라서 한국 정부는 미일을 상대로 일본인 납치문제 해결에 대한 협력, 일본의 대한국 수출규제조치의 철회 및 GSOMIA의 정상화, 북한 비핵화 및 대북 억지력 확보(미국의 확장 억지 제공 재확인)와 대북 대화의 병행 추구, 중국의 협력을 견인하기 위해 미중 관계의 협력 사안으로 한반도 문제 강조 등을 적극적으로 제안하는 방안을 검토할 필요가 있다.

문재인 정부는 지속가능한 남북화해 및 한반도 평화의 토대 마련을 위해 대북 제재의 완화와 대규모 경제 프로젝트 지원을 중시해 왔다. 문재인 정부가 남은 임기 동안 기존 대북 정책의 기조를 유지하고 한반도에서 긴장을 최소화하기 위해서는 한미일 대북 공조를 통해 미일을 한반도 평화프로세스에 적극적으로 견인하는 것이 불가결하다. 이를 위해 한국은 최종 목표로서 미일이 주장하는 '완전한 비핵화'와 단계적 접근의 장기 비핵화 로드맵을 조합하되, 북한의 비핵화 의지에 대한 재확인을 위해 한국 측이 중재자적 역할을 수행하는 방안을 검토해야 한다.

5. 한미동맹, 한일(한미일) 안보협력

탈냉전 이후 한국과 일본은 미국과의 동맹관계를 새로운 상황 변화에 맞추어 조정 중에 있는바, 북한, 중국 및 미국에 대한 한일의 인식 차이는 동맹의 지역화에 대한 한일의 상이한 대응을 초래했다.

2010년대 들어 미중 간의 경쟁구도가 선명해지고 중일 경쟁이 심화되면서 미일 간에 중국 부상에 대응하기 위한 안보연대의 움직임이 활발해졌다. 일본은 지역 및 글로벌 차원의 안보역할 확대를 위해 미일동맹의 글로벌화 및 일체화를 추진 중이다. 아베 내각 하에서 일본이 추진한 제도적 종착점이 집단적 자위권의 행사를 전제로 한 가이드라인의 개정과 안보법제의 정비였다. 그 배경에는 아시아태평양 지역의 안보 비용 부담을 지역 동맹국에게 요구하는 미국의 '아시아 재균형' 정책과 보통의 국가로 거듭나려는 아베 내각의 '적극적 평화주의' 간에 일치하는 이해관계가 있다.

반면 한국은 한미동맹의 재조정에 신중한 입장인데, 한미동맹은 한반도에서 대북한 억지력에 중점을 둔다는 점에서 미일동맹과는 차이가 있다. 냉전기에 미일동맹이 북한뿐만 아니라 소련, 중국의 위협을 염두에 둔 '지역동맹'의 성격이 강했다고 한다면, 한미동맹은 북한 위협에 특화한 '국지(局地)동맹'이었다. 9.11 테러 이후 미군은 전세계적인 미군 재편을 추진하면서 주둔국의 승인 없이 신속히 이동할 수 있는 '전략적 유연성'을 요구했지만, 노무현 정부는 한국의 의지와 무관하게 지역분쟁에 연루될 수 있음을 우려하여 소극적으로 대응하였다.

오바마 정부 시기에 한미 양국은 '포괄적 전략동맹(comprehensive strategic alliance)'에 합의했다. 이는 한미동맹이 협의의 군사동맹을 넘어 정치, 경제, 사회, 문화 면에서 공통의 가치와 상호신뢰에 기반한 광의의 포괄적 동맹이며, 한미 양자 간의 동맹을 넘어 지역 및 글로벌 차원에서 전략적으로 협력하는 동맹으로 이해되었다. 한국은 '룰에 기초한 국제질서(rules-based international order)'의 구축이라는 맥락에서 오바마 정부가 추진한 아시아 재균형(rebalancing) 정책에 협조하여 아시아태평양 지역의 평화와 안전에 중심적인 역할을 담당하지만, 이것이 공공연한 중국 봉쇄를 의미하는 것은 아니었다.

트럼프 정부와 달리 동맹을 중시하는 바이든 정부의 출범을 계기로 한미동맹 혹은 한미일 안보 협력 관련 미국의 요구에 어떻게 대응할지가 한국 외교의 현안으로 다가왔다.

탈냉전 이후 미국은 아시아 전략의 핵심인 한미동맹과 미일 동맹의 연계를 염두에 두고, 한미일 간의 안보협력을 추진해 왔다. 21세기에 발간된 일련의 아미티지 보고서는 일관되게 미일동맹 강화와 병행해서 한일 및 한미일 간의 안보협력의 강화를 제안했다.

일본은 미국이 추진하는 한미일 안보협력 강화에 적극적으로 협력해 왔다. 일본은 한미동맹과 미일동맹의 준동맹적 성격상, 한반도 유사시 자국이 연루되는 것을 피할 수 없다는 인식이 강하다. 탈냉전 이후 일본은 미일 방위협력지침(가이드라인)을 개정하여 한반도 유사시에 미군에 대한 적극적인 후방지원 및 군사작전 지원이 가능한 태세를 갖추고 있다. 일본은 한미동맹을 한반도를 넘어 지역의 안정에 기여할 수 있는 '전략동맹'으로 발전시키고 한미일 간의 군사적 상호운용성을 강화함으로써, 실질적 의미에서 미일동맹의 전략공간을 한반도까지 연장하고자 노력해 왔다.

일본으로서는 한미동맹 및 한미일 안보 협력이 활성화된다면, 아시아에서 미군 주둔에 대한 일본의 부담이 상대적으로 완화되고, 지역 안보 역할에서 한일이 공동으로 대응함으로써 일본의 안보 부담이 줄어드는 효과를 기대할 수 있다. 한국이 적극적으로 대중국 견제정책을 펼 경우, 한미 동맹은 지역 질서의 안정 요인으로서 일본의 전략적 종심 확보에 유리하게 작용할 것이다. 반면, 한미 동맹이 지역동맹화로 나아가지 않고 한반도에서 대북억지력의 기능에 머무르거나, 한국이 한미 동맹을 해체하고 중국과의 연대를 모색하는 경우에는 중국의 군사적 영향력이 동해까지 연장되어 일본은 한반도 방면의 방위력 증강에 추가적인 부담이 예상된다.

일본은 한반도 냉전체제의 해체 과정에서 한미동맹의 변화가 일본의 안보 및 동아시아의 파워 밸런스에 부정적인 영향을 초래하는 것을 경계하고 있다. 현시점에서 일본은 한반도 안보 질서의 유동화에 동반되는 불확실성을 감수하기보다 남북 분단의 현상 유지를 선호하는 시각이 강하다고 할 수 있다.

한편 역대 한국 정부는 일본과의 안보협력에 대해서 신중한 입장을 유지해 왔는데, 한일 및 한미일 안보협력 문제는 국민공감대 형성을 전제로 하는 균형적이고 포괄적인 접근법을 필요로 한다. 대북 억지력 차원에서 보자면 한일 안보협력이 긴요하지만, 그 범위와 속도는 한일 양국간 과거사 문제에서 자유로울 수 없다. 특히, 한일 간에 과거사 갈등이 현재화한 상황에서 한반도 문제를 일본과 논의하는 것은 큰 정치적 비용을 동반할 수밖에 없다. GSOMIA 사례에서 보듯이, 미국과 일본은 안보 문제와 과거사 문제의 분리 대응을 요구하지만, 한국 내에서는 일본과의 안보 협력은 안보 문제이자 정치이슈이다. 문재인 정부는 한미동맹의 대북 억지력을 유지하면서 미국이 요구하는 중국 견제용 군사협력에 대해서는 신중하게 대응하는 정책을 유지해 왔다.

중장기 국가전략의 관점에서 본다면, 한국은 북한 문제의 해결과 한반도의 평화정착 및 통일 과정에서 일본 역할의 중요성을 객관적으로 인식할 필요가 있다. 한국과 일본은 북한 문제에 관한 한, 군사적 충돌 내지는 북한의 체제 붕괴가 동아시아의 안정과 번영에 치명적일 수 있으므로 북한 군사력의 점진적인 제거와 개혁·개방의 유도를 통한 체제 전환이 최선의 해결책이라는 점에서 대체적으로 이해가 일치하고 있다고 할 수 있다. 한반도에서 냉전체제를 극복하고 평화를 정착시키기 위해서는 북미수교와 함께 북일수교가 불가결하다. 한반도에서 유사사태가 발생할 경우 한국과 동맹관계에 있는 미국은 물론, 미국과 동맹관계에 있는 일본도 연루되는 것을 피할 수 없다는 점에서 일본은 한반도 유사사태의 당사자이다. 향후 북일 수교가 실현될 경우 일본으로부터의 대규모 경제 지원은 북한 체제의 개혁·개방을 촉진함은 물론 장기적으로 한국이 부담하게 될 대북 투자 재원 및 통일 비용의 절감이라는 플러스 효과를 불러올 수 있다는 점에서, 일본은 한반도 냉전체제 극복 과정에서 한국이 부담해야하는 안보 비용을 감소시키는 역할을 할 것으로 기대된다.

한국이 한반도 통일에 대한 일본의 지지를 확보하기 위해서는 통일 한국이 일본의 안보위협이 되지 않고, 오히려 지역의 안정과 평화에 기여할 것이라는 확신을 줄 수 있어야 한다. 한국은 일본과의 전략적 소통을 강화하여 한반도의 통일과정에서 한일의 국익이 상충될 수 있는 여지를 최소화하고, 통일 한국에 대한 미래비전을 공유해 나갈 필요가 있다. 주한미군, 전작권, 유엔사, 한미연합훈련, 인태전략, 남중국해 문제, 확장억제, 미사일방어, 중거리 핵전력 등에 대해 한미대화 및 한미일 안보대화를 활성화하여 일본이 제기하는 '한국의 중국 경사' 우려를 불식시킬 필요가 있다.

가까운 장래에 한일 혹은 한미일 안보협력이 추구해야 할 분야는 북한에 대한 정보공유 등 대북 공조 외에, 재난 구조, 테러 등 비전통 안보 중심의 협력이 현실적이라고 할 수 있다. 한일 간 국방안보 분야의 인적교류 · 정보교류의 확대와 함께 해상 재난 시의 긴급구조 협력, 대테러 · 해적 행위에 공동 대응, 해양 수송로(SLOC)의 공동 방위, 유엔 평화유지활동(PKO)에서의 협력 등을 중심으로 다자적 · 지역적 협력을 강화할 필요가 있다. 북한 문제 관련 한일 GSOMIA는 정상화하되, 미일이 희망하는 한일 ACSA 체결은 장기적으로 검토하는 것이 현실적이라고 할 수 있다.

6. 미중 전략 경쟁

향후 미중 전략 경쟁이 본격화할 경우, 군사안보는 물론 경제안보에서 역내국이 두 진영으로 양분되어 〈미일 vs. 중러〉의 신냉전과 같은 대결 구도가 정착되고 지역질서가 불안정해질 우려가 있다.

지난 4월 14일, 바이든 대통령은 아프간 주둔 미군의 완전 철수 방침을 발표하여 "탈레반과의 전쟁으로 돌아가는 대신 우리는 우리 앞에 있는 도전에 집중해야 한다"고 선언했다. 그리고 중국에 대한 미국의 경쟁력 강화 차원에서 "신기술과 사이버 위협을 통제할 국제 규범"을 파트너 국가들과 강화하겠다는 방침을 밝혔다. 이는 오바마 정부가 발표했던 '재균형 정책'의 '버전 2'로 일종의 '강화된 재균형' 정책의 성격이 있는바, 미국의 제한된 국가 자원을 인태 전략 즉, 중국과의 전략 경쟁에 집중하겠다는 발상과 무관하지 않다고 할 수 있다. 바이든 정부는 인태지역에서 미일동맹, 한미동맹과 미, 일, 호주, 인도와의 안보협력인 '쿼드' 등을 활용하여 군사 및 비군사 분야에서 동맹국과 파트너 국가들과의 연대 강화를 추진할 것으로 보인다.

지난 4월의 미일정상회담의 공동성명은 지난 3월의 미일 2+2회의 공동성명과 같은 맥락에서 중국에 대한 강한 위기감을 공유하고, 일본이 중국 견제에 적극 협력할 것을 담았다는 점에서 이례적이라고 할 수 있다. 동 미일공동성명에는 중국해경법, 남중국해 문제 외에도 대만 해협, 홍콩과 신장 위구르 문제 등 그동안 일본이 제기했던 중국과 관련된 거의 모든 문제에 대해 미일의 일치된 인식과 대응이 포함되었다. 이처럼 일본이 미일정상회담의 공식문서에서 대만 문제를 언급한 것은 1969년 사토-닉슨 회담 이래 처음이며, 1973년의 일중수교 이래 일본 정부가 중국과 관련하여 직접 비판한 것은 전례가 없는바, 일각에서는 일본의 대중 정책이 '루비콘을 건넜다', 즉, 구조적으로 전환되었다는 분석이 있다.

지난 미일정상회담에서 일본이 미일동맹의 강화를 위한 방위력 향상을 약속한 것과 관련하여 향후 미국 측으로부터 대만 유사시를 상정한 일본의 자위대의 역할 확대, 중거리 미사일의 일본 배치, 남중국해 및 인도양에서 미일의 공동작전 확대 등의 요구가 이어질 수 있다. 동 정상회담에서 센카쿠에 대한 미일안보조약의 적용을 명시적으로 재확인한 것은 일본으로서는 동맹관계의 딜레마인 방기(abandon)의 위협이 줄어들었다는 점에서 일본 외교의 수확이었다고 할 수 있다. 반면, 바이든 정부의 대중국 전략에서 보자면 대만 해협 명기는 대만을 둘러싼 미중 대결에서 일본에 미국과 동일한 보조를 취하도록 요구할 수 있는 근거를 입수했다는 의미

부여가 가능한바, 일본이 미중 전략 경쟁에 연루(entrap)될 위협이 커진 측면이 있다. 향후 센카쿠 열도뿐만 아니라 대만 해협 등 동중국해나 남중국해에서 그레이존 사태를 포함한 유사사태 발생시 미군에 대한 후방지원, 함선, 시설의 보호 등 자위대의 개입을 전제로 한 미일 공동의 군사연습이 논의될 개연성이 크다.

이에 대해 중국은 지난 3월 알래스카 미중회담 이후 미국과 대립하는 러시아와의 협력을 도모하고, 중동 및 동남아시아 국가들과의 관계 강화에 나서는 등 독자적인 외교 공세를 가속화하고 있다. 중국은 반미 세력을 결집하고 그 외연을 확장하여 미국 주도의 '중국 포위망'에 대항할 태세를 갖추고 있는바, 대만 주변에서의 군사 공세를 강화하는 등 시진핑 '종신집권' 확보를 염두에 두고 중국몽의 강한 리더십을 추구할 경우, 당분간 미중 간의 강대강 국면이 이어질 가능성이 크다.

한편, 경제안보 분야에서는 바이든 정부가 중국 배제의 공급망 및 첨단 기술의 패권 구축에 나설 경우, 미중 간에 새로운 아키텍처 경쟁이 전개될 가능성이 있다. 지난 미일정상회담의 공동성명에는 반도체를 포함한 공급망의 협력과 지적재산권 보호를 위한 협력, 차세대 통신시스템(5G)에서 신뢰할 수 없는 사업자 배제 방침의 확인, 생명공학, AI, 양자

과학 등 첨단 기술의 연구 개발 협력 등 구체적이고 과감한 내용이 다수 포함되었다. 첨단기술의 연구개발에서 미일 중심으로 분야별로 배타적인 그룹을 형성하여 관련 정보의 공유, 투자 기회의 제공 등을 제한할 경우 역내국들의 자유로운 시장 참여가 제한될 수 있다.

일본은 미국의 군사안보 분야 특히, 대만 문제와 관련하여 미국의 대중국 견제 정책에 대해 적극적인 협력의 의사를 표명하면서도 미중 경쟁의 본격화에 따른 경제적 손실에 대해서는 우려하고 있는 것으로 보인다. 일본 경제는 코로나 바이러스와 미중전략 경쟁 등 국제환경의 불안정성이 심화될수록 중국과의 협력을 필요로 하는데, 바이든 정부가 반도체, 배터리, 희토류, 의약품 등 첨단기술이나 전략물자의 공급망에서 중국 배제를 추진할 경우, 일본의 위험 분산 전략은 어려운 선택에 직면할 수 있다. 일본의 3월 수출은 2017년 11월 이래 최대액을 기록하였는데, 여기에는 대중국 수출 증가가 크게 기여하였다(3월 일본의 대중국 수출액은 37.2% 증가). 일본 경제의 회복이 중국 시장에 의존하는 상황에서 중국이 일본에 대한 반격에 나설 경우, 일본 경제에 큰 타격이 불가피할 것으로 보인다.

미중 전략 경쟁의 장기화에 대비하여 한국은 한일관계의 개선과 함께 호주, 인도, 아세안 세력과의 다자외교를 강화할 필요가 있다. 한국과 일본 모두 안보와 경제라는 측면에서 미국과 중국 어느 한쪽만을 택할 수 없는 상황에서 중층적이고 다자주의적인 지역질서를 만들어 가는 데 이해관계가 일치한다. 일본은 미일동맹을 중심으로 하면서도 대중 관여를 병행한다는 점에서 기본적으로 미중 대결 사이에서 한국과 유사한 입장이다. 대일 정책에서 과거사 문제를 경제·군사 안보의 현안과 분리하여 대응하는 투트랙 외교를 구사하여, 일본과의 적극적인 관계 개선을 통해 한국 외교의 전략 공간과 레버리지를 확대해야 한다.

바이든 정부가 한국 쿼드 참가를 요구해 올 경우, 한국은 참가의 조건으로 '아시아판 NATO'가 아닌 지역안보문제 논의의 다자협의체로 성격을 확실히 할 필요가 있다. 예를 들어, 쿼드 참가국 간에 인프라 투자 협력에 대한 논의를 확대하고, 일대일로와 인태 구상과의 공생적 협력 관계를 제시하는 방안 등이 있다. 또한 아세안, 뉴질랜드 등 다른 역내 국가들도 같이 들어가는 것을 미국에 역제안하는 방안도 검토해 볼 수 있다.

한국은 미일의 인태전략과 한국의 신남방정책과의 협력을 모색하고, 특히 아세안 국가들에 대한 인프라 지원과 해양안보에 대한 기여를 확대하는 방안을 검토해야 한다. 인권, 민주주의 가치, 자유시장경제, 규칙 기반의 질서 등에 지지 입장을 표명하고, 미국이 중시하는 기후변화, 녹색성장, 클린 에너지 분야, 방역 백신, G7 확대정상회의, D10 민주주의 정상회의 등 글로벌 차원의 노력에 대해서는 적극 협력해야 한다. 한국은 일본과 협력하여 개도국 코로나19 대응을 공동으로 지원하고, 국제적 방역체제와 관련하여 '동북아 방역공동체' 구축 등 협력 플랫폼의 구축을 제안할 수 있을 것이다.

한국은 미국 주도의 첨단기술 분야 아키텍처 경쟁에서 반도체, 5G/6G, 배터리 등 우리가 경쟁력을 지닌 분야를 레버리지로 활용하면서 협력해야 한다. 향후 쿼드 내에 비군사적 분야 즉, 5G, 인공지능 등 첨단 산업의 기술표준 구축 및 반도체, 희토류 등 전략 물자의 공급망 점검을 논의하는 움직임이 가시화될 경우, 우리의 산업 경쟁력 확보 차원에서라도 참가를 적극적으로 검토하여야 한다.

7. 일본의 지역적 안보 역할 확대

미중 간의 전략경쟁이 가열되는 상황에서 일본이 독자적인 방위력 정비 및 미일동맹 강화를 통해 지역 및 글로벌 차원에서 안보역할을 확대하는 것은 중장기적으로 동북아 안보질서에 지각변동을 가져올 수 있다. 일본의 군사적 보통국가화 및 미일동맹 강화는 한반도 및 동북아 안보질서와 관련하여 이중성이 내재되어 있다. 일본의 변화는 지역안보에 대한 일본의 건설적 역할 확대를 가능하게 함으로써 지역의 평화와 안정에 기여할 수 있다. 일본은 한반도 관련 한미일 협력을 통해 평시 대북 억지력 및 유사시 대응능력 강화에 기여할 수 있다. 나아가 중국이 지역질서를 존중하면서 연착 륙할 수 있도록 견제하는 데도 도움이 될 수 있다.

반면 일본의 지역적 안보역할 확대에 대해서는 한국 내에 뿌리 깊은 불신이 존재한다. 일본이 집단적 자위권을 구실로 한반도 문제에 개입할 가능성이 있다. 한일 간의 명확한 안보역할 규정이 없고 북한 지역에 대한 관할권을 두고 한일 간에 입장 차이가 존재하는 상황에서 미일동맹에 따른 후방 지원과 자위대의 한반도 개입의 경계가 모호한 것이 사실이다. 일본 방위안보정책의 방향은 미일안보협력의 강화를 통한 중국 견제로 향하고 있는바, 이는 역내 군비경쟁과 패권 경쟁을 초래할 수 있다.

한국이 지역안보에서 역할을 확대해 나가는 일본을 상대함에 있어서 한미동맹은 중요한 의미를 갖는다. 일본의 집단적 자위권 행사 문제 등 안보 관련 움직임은 일본의 주권 사항이며, 현실적으로 이에 대한 한국의 영향력은 제한적이다. 그렇다고 미국과의 동맹관계를 선택한 일본에 대항하여 한국이 중국과의 안보협력을 택하는 것은 적절치 않다. 미일

안보체제는 일본의 독자적인 군사대국화를 견제하는 기능이 있으므로, 한미동맹의 강화를 통해 미일동맹의 대일 견제적 성격을 활용하는 것이 바람직하다. 미국은 미일동맹체제 하에서의 일본의 방위력 증강을 원하지만, 일본이 미일동맹의 틀을 넘어 독자적인 군사대국화로 나아가는 것은 경계하고 있다. 즉, 일본의 과도한 군사대국화를 원하지 않는다는 점에서 한미 양국의 이해관계는 일치한다. 또한 최근 격화되고 있는 동아시아 역사·영토 논쟁과 관련해서도 한미동맹은 일본의 과도한 우경화를 견제하는 수단이 될 수 있을 것이다.

한일기본조약에 의존하던 '한일관계 1965년 체제'의 한계가 지적되고, 일본 사회의 역사수정주의가 한층 노골화하고, 중국 위협에 대한 인식, 대북 정책의 우선순위 등 안보 분야에 대한 입장 차이로 인해 공통의 이해관계가 줄어들고 있는 상황에서, 한일 양국이 '보통의 국가관계'에서 서로의 전략적 가치를 인식하기 위해서는 '다자적 시점'에서 상대를 새롭게 인식할 필요가 있다. 미국과의 동맹관계 및 자유무역 체제에 중요한 이해관계를 공유하는 한일 양국은 전통적으로 안보와 경제 분야에서 국제정세의 불투명성이 증가할 때 협력을 강화해 왔던바, 코로나 사태와 국제경제의 위축, 미중 간의 전략 경쟁의 불투명성, 북한의 군사적 위협, 한중관계의 이완 등을 감안할 때, 한일 협력은 여전히 상호 윈-윈 할 수 있는 합리적인 선택지라고 할 수 있다.

2010년대 들어 한일 간의 과거사 갈등이 상시화하면서 양국 간의 전략대화가 사라진 상황에서, 2019년의 한일 과거사 갈등은 양국 간의 전면 대결로 확대되었고 그 해결은 어려웠다. 한일관계 전문가 외에 동아시아 안보 전문가, 중국 전문가들이 함께 참여하는 한일 간 1.5트랙 전략대화를 활성화함으로써, 중장기적이고 전략적인 관점에서 동아시아 정세에 대한 객관적 논의와 상호 이해를 확대하고, 이것을 양국 사회가 공유해가는 계기로 삼으려는 노력이 요구된다.

3

경제통상 분야 개선 방안

한일 경제관계 개선 방안 :
수출규제 해법

2019년 7월 1일 발표된 수출규제(①화이트국가 제외, ②첨단소재 3품목 규제)는 한 마디로, 일본산 소부장 제품의 조달에 있어 불확실성이 커졌다는 의미다. 2년이 지난 현재, ①화이트국가 제외에 따른 수출규제의 부정적인 효과는 특별히 관찰되지 않으며, ②첨단소재 3품목 규제는 불화수소를 제외하고 그 효과가 매우 제한적이었다.

첫째, 화이트국가 제외에 따른 부정적인 효과가 관찰되지 않는 이유는 ICP를 획득한 일본기업들이 특별일반포괄허가를 이용할 수 있었기 때문이며, 둘째, 첨단소재 2품목(포토레지스트, 불화폴리이미드)의 경우, 한국에서 주요 사용되는 사양(스펙)이 처음부터 수출규제의 대상에서 제외되었기 때문이다.

불화수소의 수입만 크게 감소한 이유는 화학무기로의

전용가능성이 높아서 다른 두 품목에 비해 일본 입장에서 수출규제의 명분에 가장 부합하기 때문이며, 그럼에도 불구하고 피해가 크지 않았던 이유는 국내 기업이 재고를 확보하고 있었고, 수입처를 다변화(대만)하거나, 순도가 낮은 국산제품으로 대체하는 것이 가능했기 때문이다.

양국 국민의 반일·혐한 정서가 과거 어느 때보다 강한 현재, 단기적으로 정치·외교적 협상 방안이 뾰족한 해법이 되기는 힘들 것으로 보인다. 다만, 우리 정부는 한국 법원에 압류되어 있는 PNR 주식 강제매각의 현실화를 최대한 지연시키면서, 장기적으로 강제동원 문제를 정치적으로 해결하기 위한 환경을 조성할 필요가 있다.

WTO가 정한 분쟁 해결절차에 따라 정당한 문제제기를 하는 동시에, 통상환경 변화에 대한 전략적인 대응도 필요하다. 무역과 안보의 연계는 현행 WTO 체제 아래서 아직 그 규범이 모호하고 느슨하기 때문에, 일본과의 치열한 법리다툼을 대비해야 한다. 문제는 과거와 달리 보호무역기조의 심화, 쿼드는 물론 유럽까지 합세한 반중국 전선의 강화 등으로 다자주의적 국제무역질서가 무너지면서 WTO의 분쟁해결 기능이 원활히 작동하지 않을 가능성이 커졌다는 것이다. 우리 정부는 거대지역주의에 적극 참여하면서, 'GVC의 구조적 개편을 통해 수출규제의 실질적인 무력화'를 앞당길 필요가 있다.

　'GVC의 구조적 개편을 통한 수출규제의 실질적인 무력화'란 다른 말로 '탈일본화'인데, 이것이 '탈일본기업화'와는 질적으로 다르다는 사실에 주의해야 한다. 정부의 '탈일본화'는 소부장 산업을 강화해서 대일의존도를 낮추는 것인데, 이 과정에서 경제적 타당성을 도외시한 완벽한 기술자립(즉 '탈일본기업화')을 목표로 해서는 안 된다. 반면 현재 한일 양국 기업들의 전략적인 상호작용으로 수출규제의 실질적인 무력화는 상당부분 진행되고 있다.

한일 경제관계 개선 방안 : 수출규제 해법

이창민
(한국외대 교수)

1. 수출규제의 경위 및 이후 상황

2019년 7월 1일 일본의 대(対) 한국 수출규제 발표로부터 2년이라는 시간이 흘렀다.[1] 2년 전 갑작스러운 일본의 수출규제 발표 이후, 수출규제의 영향과 전망을 예상하는 기사

---

[1] 일본에서는 '수출규제'라는 표현보다 '수출관리강화(輸出管理強化)'라는 표현이 일반적으로 사용되고 있지만 여기서는 '수출규제'라는 표현을 사용하기로 한다.

(https://www.meti.go.jp/press/2019/07/20190701006/20190701006.html)

들이 연일 쏟아졌지만, 당시에는 전문가조차 수출규제의 정확한 의미와 성격을 이해하고 있는 사람이 많지 않았으며, 그 결과 과도한 우려와 억측이 확대재생산되기도 하였다.

당시 세코 히로시게(世耕弘成) 경제산업대신이 밝힌 対한국 수출규제의 이유는 다음과 같다.[2]

경위① 한국의 캐치올 규제가 불충분했고, 그동안 부적절한 사안이 다수 발생했음에도 불구하고 최근 몇 년간 한일 간 충분한 의견교환이 이루어지지 못하고 있다.

경위② 최근 들어 이번에 수출을 규제한 품목(첨단소재 3품목)과 관련해서 한국의 수출관리에 부적절한 사안이 발생했다.

경위③ 더군다나 올해(2019년) 들어 지금까지 양국이 쌓아온 우호협력관계를 뒤흔드는 사건이 연이어 발생했고, 강제동원문제(원문은 旧朝鮮半島出身労働者問題)는 G20 정상회의 때까지도 만족스러운 해결책이 제시되지 않는 등 한일 양국 간의

---

2) 中島朋義,「日本の対韓国輸出管理強化」,『日本国際経済学会第79回全国大会』, 日本国際経済学会, 2020, 원문은 2019년 7월 3일 세코 대신의 트위터에 공개되었다.

신뢰 관계는 심각하게 훼손되었다.

경위④ 수출관리제도는 국제적인 신뢰 관계를 토대로 구축되는 것이므로, 경위①~③으로 판단한 결과, 한국과의 신뢰 관계를 바탕으로 수출관리를 해나가는 것이 더 이상 곤란해졌다고 판단해서, 이후 엄격하게 제도를 운용하기로 한다.

일본의 수출규제 발표 후 우리 정부는 상호주의에 입각해서 한국의 화이트국가 리스트에서 일본을 배제하고, 한일 군사정보보호협정(GSOMIA)의 연장 중지를 선언하였으며, 첨단소재 3개 품목의 수출규제를 WTO에 제소하는 등 강경하게 대응했다. 그러나 이후 초반의 강경 모드는 점차 전략적인 모습으로 변화해갔다. 2019년 11월 22일 조건부로 GSOMIA를 연장하고, WTO 제소를 잠정 정지하였으며, 이후 제7차(2019.12.16.)와 제8차(2020.3.10.) 한일 수출관리 정책대화를 개최하였다. 당시 일본의 수출규제 철회를 둘러싼 쟁점은 다음과 같았다.

① 지난 3년간 양국 간 정책대화가 열리지 않아 신뢰가 훼손되었다.

② 재래식 무기에 대한 캐치올 통제가 미흡했다(캐치올 전략물자를 대량살상무기로 전용할 가능성이 있는

국가를 통제하기 위한 법적 근거가 불명확하다).

③ 수출통제의 인력과 조직이 취약했다(군사용으로 전용이 가능한 민간품목의 심사를 담당할 직원이 11명에 지나지 않는다).

이에 우리 정부는 대외무역법을 개정하고 조직을 개편하여, 일본 정부가 주장하는 수출규제의 사유(①한일 정책대화의 중단, ②재래식 무기에 대한 캐치올 규제 미흡, ③수출관리 조직과 인력의 불충분)를 모두 해소하였고, 2020년 5월 말까지 수출규제에 대한 입장을 회신해줄 것을 일본 측에 요구하였다.[3] 그러나 일본 정부가 특별한 회신 없이 규제입장을 고수함에 따라,[4] 정부는 조건부로 유예했던 WTO 제소 절차를 재개해,[5] 2020년 6월 29일 WTO 분쟁해결기구의 1심에 해당하는 패널 설치를 요구했다.[6] WTO 제소 내용에는

---

3) 한국은 수출관리정책대화를 통해 소통하려는 노력을 지속하였으며, 기존의 무역안보과를 3개과 30명 규모로 확대개편하고 전략물자 안보 업무를 담당하는 '무역안보정책관'을 신설했다. 또한 대외무역법을 개정하여 곧바로 시행('20.6.19.)하였다.

4) 일본 정부는 한국 정부가 행한 조치의 실효성에 대해 시간을 두고 확인할 필요가 있다는 입장을 견지하고 있다.

5) 일본의 수출규제 이후 한국 정부는 일본을 WTO에 제소했으나(2019년 9월), 이후 한일 간 '정상적인 대화'를 전제로 WTO 분쟁해결 절차를 임시로 보류하였다(2019년 11월).

6) 향후 1심(패널심)과 2심(상소심)을 모두 거칠 경우 약 3년이 소요될 것으로 예상된다.

①수출규제 조치의 부당성을 객관적으로 입증하고, ②우리 기업의 정당한 이익 보호와 ③수출규제로 인한 글로벌 가치 사슬(Global Value Chain, 이하 GVC) 불확실성의 해결 등이 포함되었다.[7]

WTO 제소 절차 재개는 명분과 실리라는 두 가지 측면에서 적절했던 조치로 보여진다. 일본 정부가 주장하는 수출규제의 원인이 모두 해소되었음에도 불구하고, 수출규제를 철회하지 않은 것은 수출규제의 이유가 다른 데에 있음을 자인한 셈이다. 결국, 수출규제는 강제동원문제를 둘러싼 대법원 판결에 대한 불만 및 이로 인한 압류자산의 현금화 조치에 제동을 건 것이라는 점이 다시 한 번 확인되었다. 또한, 이번 사건을 계기로 첨단소재 3품목과 같이 수입처 다변화 및 국산화에 한계가 있는 전략물자에 대해서 향후 반복될 수도 있는 GVC의 불확실성을 낮추기 위한 자구적인 노력이 필요하다는 점이 분명해졌다.

2. 수출규제의 내용과 의미

2019년 7월 1일 발표된 수출규제는 크게 두 가지 내용

---

7) 대한민국 정책브리핑, 「정부, 일 수출규제 조치 WTO 분쟁해결 절차 재개 키로」(2020.6.2.)

으로 구성되어 있다. 첫 번째는 국제레짐[8]에 가입한 국가들 중에서 수출관리가 잘 되어 있는 국가들(이른바 화이트 국가)에게 주던 혜택을 한국에게는 더 이상 주지 않겠다는 것이다. 일본은 수출지역 구분 명칭을 기존의 '화이트국(수출령별표3국)/비화이트국'에서, '그룹A(기존 화이트국)', '그룹B(신설)', '그룹C(기존 비화이트국)', '그룹D(기존 비화이트국)'로 변경하고, 한국만 기존의 화이트국에서 '그룹B'로 옮기는 것을 골자로 하는 '수출무역관리령의 일부를 개정하는 시행령(政令)' 개정안 및 하위 법령 개정을 공포하고 2019년 8월 28일부터 시행하였다.

　　두 번째는 반도체, 디스플레이의 핵심 소재인 포토레지스트(Photoresist), 불화수소(Hydrogen Fluoride), 불화폴리이미드(Fluorine Polyimide)는 개별허가를 통해서만 수출하겠다는 것이다. 첨단소재 3품목을 한국에 수출하거나 제조기술을 이전할 경우 기존의 일반포괄허가가 금지되고 개별허가를 의무화하는 운용 통달 개정을 7월 1일 공포하여 7월 4일부터 전격 시행하였다.

---

8) 바세나르체제(WA), 미사일기술통제체제(MTCR), 원자력공급국그룹(NSG), 오스트레일리아그룹(AG).

<表1> 수출규제 전후 비교

규제종류	품목			규제 이전	규제 이후
화이트리스트 제외 (2019.8.28.~)	전략 물자 (리 스 트 규 제)	민감품목(263개)		개별허가	개별허가
		비민감 품목 Ⓐ (857개)	허가종류	일반포괄허가	개별허가
			유효기간	통상 3년	통상 6개월
			처리기간	1주일 이내	90일 전후
			제출서류	2종	3~9종
	비전략물자 Ⓑ (캐치올 규제)			캐치올 규제 미적용	캐치올 규제 적용
첨단소재 3품목 특별규제 (2019.7.4.~)	포토레지스트 불화수소 Ⓒ 불화폴리이미드			일반포괄허가	개별허가

〈표1〉은 수출규제로 인해 달라지는 내용을 크게 세 부분(Ⓐ, Ⓑ, Ⓒ)으로 정리한 것이다. 일견 복잡해 보이는 이 표를 한 줄로 요약하면, 이번 수출규제의 의미는 일본산 소재·부품·장비(이하 소부장) 제품의 조달에 있어 불확실성이 커졌다는 뜻이다. 일본은 안보상 중요한 1,194개 수출 물품에 대한 규제를 크게 군사전용의 가능성이 높은 전략물자(1,120개)에 대한 리스트 규제와 대량살상무기로 전용될 가능성이 있는 비전략물자를 상황에 따라 규제하는 캐치올 규제로 나누어 운영하고 있다. 리스트 규제 대상은 민감품목(263개)과 비민감품목(857개)으로 나뉘는데, 〈표1〉에서 보듯

이 개별허가가 필요한 민감품목의 경우 수출규제로 인해 변화되는 것이 없다.

수출규제로 인해 변화가 발생하는 세 가지는 리스트 규제 대상인 비민감품목(Ⓐ), 캐치올 규제 대상인 비전략물자(Ⓑ), 그리고 첨단소재 3품목(Ⓒ)이다. Ⓐ리스트 규제 대상 중 비민감품목의 경우, 한국이 화이트 국가에서 제외되면서 일반포괄허가를 이용할 수 없고 개별허가를 통해서만 수출이 가능하다. 이로 인해, 허가 유효기간이 단축되고(3년 → 6개월), 제출서류의 종류가 늘어나며(2종 → 3~9종), 처리기간이 장기화(1주일 이내 → 90일 전후)될 수 있는 가능성이 생겼다. Ⓑ비전략물자를 상황에 따라 규제하는 캐치올 규제의 경우, 화이트 국가에게는 면제되지만 이번 수출규제로 한국이 화이트 국가에서 제외되면서 캐치올 규제의 대상이 되었다. Ⓒ일반포괄허가를 이용할 수 있던 첨단소재 3개 품목은 이번 수출규제로 모두 개별허가로 변경되었다.

결국 수출규제는 소부장 제품의 조달에 있어 다음과 같은 불확실성을 증폭시켰다.[9] Ⓐ리스트 규제 대상 중 비민감품목의 경우, 화이트 국가에서 제외되면서 일본의 수출기업들이 일반포괄허가제도를 이용하지 못해 수입이 원활히 이

---

9) 정성춘, 「특별기고: 일본 수출규제의 영향과 전망」, 『미래성장연구』 5권 2호, 고려대학교 미래성장연구소, 2019, 164-167쪽.

루어지지 않을 가능성이 생겼다. ⑧비전략물자에 대해서도 화이트 국가에서 제외되면서 캐치올 규제의 대상이 될 경우, 일본 정부의 자의적인 개입으로 수입이 원활하게 이루어지지 않을 가능성이 생겼다. ⓒ첨단소재 3품목의 경우, 개별허가 과정에서 일본 정부의 자의적인 개입으로 수입이 원활하게 이루어지지 않을 가능성이 생겼다.

3. 수출규제의 효과

그렇다면 이러한 소부장 제품의 조달에 있어 증폭된 불확실성(⑧일반포괄허가에서 개별허가로 변경, ⑧캐치올 규제 적용, ⓒ첨단소재 3품목의 수출규제)은 실제로 한국 경제에 부정적인 효과로 이어졌을까? 먼저 ⓒ첨단소재 3품목의 수출규제에 따른 효과를 살펴보면, 결과적으로 매우 제한적이었으며, 반도체 및 디스플레이 산업에 미친 영향도 크지 않았다고 할 수 있다.

〈그림 1〉에서 확인할 수 있듯이, 첨단소재 3품목 중 포토레지스트와 불화폴리이미드는 수출규제 전후에 큰 차이가 없으나 불화수소만 큰 폭으로 감소했다.[10] 포토레지스트와

---

10) 다만, 일본의 수출관리제도가 복잡하고 한국과 상이하다는 점에 더해, 상품무역 통계의 국제표준인 HS코드도 한국이 10자리, 일본은 9자리를 사

불화폴리이미드에 대한 수출규제 효과가 제한적이었던 이유는 한국에서 주로 사용되는 사양(스펙)이 처음부터 수출규제의 대상에서 제외되었기 때문이다. 포토레지스트 중 EUV용, 불화폴리이미드는 일부 신규용도만 규제대상에 포함되어 있다. 현재 한국에서 반도체 생산에 사용되는 포토레지스트(ArF, KrF)와 유기EL 디스플레이에 사용되는 불화폴리이미드는 처음부터 규제대상이 아니었다. 수출허가도 평균적으로 30~40일 정도 걸렸는데, 이는 당초 90일 정도 걸릴 것이라는 예측과는 차이가 있었다.

반면 불화수소의 수입이 크게 감소한 이유는 화학무기로의 전용가능성이 높아 다른 두 품목에 비해 일본 입장에서 수출규제의 명분에 가장 부합하기 때문인 것으로 생각된다. 예컨대 불화폴리이미드와 포토레지스트의 수출허가를 얻기 위해서는 7종의 서류가 필요하지만, 불화수소는 9종의 서류가 요구될 정도로 심사요건이 더 까다롭다. 즉, 안전보장상의 이유로 수출규제를 할 수밖에 없다는 일본 정부의 입장에서 생각해 보면, 불화수소야말로 이번 수출규제 조치에 있어서 논리적인 정합성이 가장 큰 품목이라고 할 수 있다. 다만 불화수소는 국내 기업이 재고를 확보하고 있었고, 수입처를 다

용해 양국 통계가 일치하지 않는다는 점에 유의할 필요가 있다.

변화(대만)하거나, 순도가 낮은 국산제품으로 대체하는 것이 가능했기 때문에 결과적으로 한국 산업에 미친 영향력은 제한적이었다.

〈그림 1〉 첨단소재 3품목의 수출규제 효과

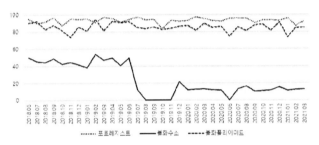

화이트국가 제외(Ⓐ일반포괄허가에서 개별허가로 변경, Ⓑ캐치올 규제 적용)에 따른 수출규제의 부정적인 효과도 현재로서는 특별히 관찰되지 않고 있다. 수출인증제도인 ICP (International Compliance Program)를 획득한 일본 기업의 대한국 수출은 일반포괄허가와 거의 유사한 특별일반포괄허가를 이용할 수 있기 때문이다. 또, 캐치올 규제는 수출안건에 대한 구체적인 사안이 발생한 경우에만 적용되기 때문에 현실적으로 구체적인 사안을 적시하여 규제를 적용하기가 쉽지 않다.

결과적으로 수출규제 이후 2년이라는 시간이 흐른 현

재, 부정적 효과는 불화수소를 제외하고 명백히 드러난 것이 없다고 볼 수 있다. 이는 한국에서 주로 사용되는 소재가 처음부터 수출규제의 대상이 아니었으며, 일본의 수출기업들은 일반포괄허가와 유사한 특별일반포괄허가를 이용할 수 있었고, 캐치올 규제의 실질적 적용 또한 쉽지 않았기 때문이다. 물론, 한국 정부의 소부장 산업에 대한 전폭적인 지원과 기업의 기민한 대처(수입처 다변화와 국산화)가 피해규모를 축소시킬 수 있었다는 측면도 무시할 수는 없다.

4. 대응방안

1) 정치·외교적 협상

수출규제에 대한 현재까지 우리의 대응은 ①정치·외교적 협상, ②WTO 제소, ③'탈일본화'로 정리할 수 있다. 이 중에서 정치·외교적 협상 방안은 당분간 뾰족한 해법이 되기 힘들 것으로 보인다.

2021년 1월 17일 강창일 주일본 한국대사가 부임에 앞서 강제동원 배상 문제를 정치적으로 해결하겠다는 입장을 밝히기도 했다. 그러나 2020년 10월 31일 아사히신문에 실린 대위변제에 대한 기사('강제동원 피해자 배상 판결에 대한 해법으로 일본 기업이 먼저 배상에 응하면 나중에 한국 정부가 전액 보전하는 방안을 한국 정부가 일본 정부에 비공식적으로 타진했으나, 일본 측이 이를 수용하지 않았다')에 대해 양국 국민들이 보인 부정적인 반응을 고려하면 앞으로도 당분간 정치적 해결은 쉽지 않아 보인다.

다만 일본도 더 이상 규제의 강도를 높이기는 쉽지 않을 것으로 보인다. 일본 정부의 자의적 개입으로 규제의 강도가 강화될 수 있다는 우리의 우려는 현재로서는 과도한 측면이 있다. 그 이유는 ①수출허가 심사자가 직면할 정치적 부담이 자의적 규제를 억제하는 요인으로 작용하며, ②일본 국내 수출기업의 소송 가능성도 있기 때문이다.[11] 다만, 현재 한국 법원에 압류되어 있는 PNR(일본제철·포스코의 국내 합작법인) 주식의 현금화 절차[12]가 계속 진행되고, 강제동원과 관련한 추가적인 소송의 결과에 따라서 사태는 새로운 국면을 맞이할 수 있다. 이 경우, 일본이 당장 쓸 수 있는 카드는 Ⓐ비민감 전략물자(857품목)에 대한 '관리강화'를 노골화하는 것이다. 구체적으로는 화학약품, 전자부품, 공작기계, 차

---

11) 정성춘, 「특별기고 : 일본 수출규제의 영향과 전망」, 165쪽.
12) 현재는 일본제철이 항고를 한 상태이고 따라서 자산압류명령은 효력이 확정되지 않은 채로 다시 법원의 판단을 받게 되었다. 만약 법원이 항고를 기각하면 일본제철은 재항고를 할 가능성이 크고, 항고를 할 때마다 공시송달을 해야 하기 때문에 이러한 절차만으로 짧게는 수개월 길게는 수년에 걸친 법리적 다툼을 이어가야 한다.

량용 전지, 탄소섬유 등 첨단소재, 통신기기 등 전략물자로 분류될 수 있는 다수 품목에 추가 수출규제를 단행할 가능성이 있다. 우리 정부는 추가 수출규제의 트리거가 될 수 있는 PNR 주식의 현금화를 최대한 지연시키면서 장기적으로 정치적 해법을 모색해야 할 필요가 있다.

2) WTO 제소

이번 수출규제를 둘러싼 WTO 제소는 한일 양국만의 문제가 아닌 전 세계 무역질서에 영향을 미치는 사례가 될 수 있다.

일본 정부는 이번 수출규제를 4대 국제수출통제체제(NSG, AG, MTCR, WA)에 따른 안전보장상 무역관리의 일환으로 규정하고 있다. 반면 한국 정부는 이번 수출규제가, WTO 회원국 사이에 수출허가 등을 통해 수출을 금지·제한해서는 안 되고(GATT 제11조 제1항), WTO 회원국 사이에 차별을 두어서도 안 되며(GATT 제1조 제1항), 특정 국가로의 수출에 대해서 부당하게 행정처리 지연을 야기해서도 안 되는(GATT 제10조 제3항) 자유무역주의에 반하는 행위라고 주장하고 있다.

이러한 안전보장상 무역관리와 자유무역주의의 모순은 지금까지 GATT 제21조(국가안보와 관계된 사안일 경우 예외적으로 무역제한을 인정)로 해결해 왔다. 그러나 이 조항은 1947년 냉전기에 만들어진 규범으로 안보상의 예외를 인정하는 범위가 좁고, 예외의 대상에 대해서도 구체적으로 결정된 부분이 없다. 그런 뜻에서, 지금까지 WTO 및 국제수출통제체제의 가맹국들은 사실상 WTO를 통한 분쟁해결 절차를 회피함으로서 문제를 만들지 않으려 노력했다고 보는 것이 타당하다.13)

현재로서 일본 정부는 국가안보 예외조항인 GATT 제21조를 원용하여 자의적인 남용 없이 신의성실의 원칙에 따라 수출관리를 강화했다는 것을 입증하는 데 주력할 것으로 보인다. 수출규제 발표 이후 일본 정부가 수출허가를 간헐적으로 승인하고 있는 데는 정치·외교적 협상을 위한 명분 쌓기도 있지만, WTO 피소 대비용의 의미가 더 크다고 할 수 있다. 한편, 한국 정부는 이번 수출규제가 사실상 우리 대법원

---

13) "The US said only Japan can judge what is necessary to protect its essential security interests and that since the erroneous panel findings in 'Russia — Measures Concerning Traffic in Transit' (DS512), several WTO members have rushed to challenge national security measures. This surge in litigation poses serious risks to the WTO, threatening to enmesh the organization in national security matters it has wisely avoided for over 70 years." World Trade Organization(WTO)(2020), "Panels established to review Indian tech tariffs, Japanese export restrictions, EU palm oil measures", 29 July 2020. World Trade Organization.

의 강제징용 판결에 대한 보복조치라는 점을 부각시켜야 한다. 또한 한국이 연관되어 있는 수출통제 건에서 부적절한 사례가 발생하였다고 주장하면서도 정확한 근거를 제시하지 못하고 있다는 사실을 강조할 필요가 있다.

그러나 최근 몇 년간 무역자유화의 열기가 식어가고 미국과 중국, EU와 중국[14] 간 상호 불신이 증폭되고 있는 상황에서 WTO의 분쟁해결 기능이 원활하게 작동하지 않을 가능성도 배제할 수 없다. 우리에게는 안전보장상 무역관리와 자유무역체제라고 하는 두 개의 국제공공재가 더 이상 병존하기 어려운 상황에 대한 대비가 필요하다. 따라서 우리 정부는 WTO 제소와는 별개로 후술하는 'GVC의 구조적 개편을 통한 수출규제의 실질적인 무력화'를 앞당기기 위한 전략을 생각할 필요가 있다.

3) 탈일본화

'GVC의 구조적 개편을 통한 수출규제의 실질적인 무력화'는 다른 말로 '탈일본화'라고 할 수 있다. 다만 같은 '탈일

---

14) 프랑스, 독일, 네덜란드의 인도·태평양 전략에 이어 영국도 인도·태평양 지역의 적극적인 개입(Global Britain)을 시사하는 등 홍콩사태 이후 중국에 대한 유럽의 태도에 분명한 변화가 발생했다.

본화'라고 해도 정부의 정책적 방향인 '탈일본화'와 기업의 전략적 선택인 '탈일본화'가 질적으로 다른 의미를 가지고 있다는 사실에 주목할 필요가 있다.

정부의 '탈일본화'는 소부장 산업을 강화해서 대일의존도를 낮추는 사실상 '탈일본기업화'에 가까운 성격을 가지고 있다. 2000년대부터 본격화된 소부장 산업의 국산화 전략은 그동안 상당한 성과를 거두었지만,[15] 코어 분야에서의 대일의존도는 좀처럼 감소하지 않았다. 특히 첨단소재 3품목과 같은 화학산업과 전자부품산업의 코어 소재, 부품의 대일의존도는 여전히 높다.

우리 정부는 수출규제 한 달 만인 8월 5일 '소부장 경쟁력 강화 대책'을 내걸고 100대 핵심품목의 조기공급 안정화와 소부장 산업 전체의 경쟁력 강화를 강조했다. 그 결과, 국산화와 공급처 다변화는 부분적인 성과를 발휘하기도 했으며(불화수소), 미중 갈등과 그에 따른 GVC의 디커플링이 맞물리면서 장기적인 시각에서도 '탈일본화'가 소부장 산업발전의 긍정적인 계기로 작동하게 된 측면이 있다. 다만 대일의존도를 낮추는 것이 경제적 타당성을 도외시한 완벽한 기술

---

15) 2001년 부품소재전문기업 등 육성에 관한 특별조치법 제정 후, 기술개발, 사업화, 인재육성에 지원이 이뤄졌으며 2006년부터 소부장 산업의 무역수지 흑자규모가 전체 무역수지 흑자규모를 압도하기 시작했다.

자립이 되어서는 안 되며, 일본기업을 포함한 공급선 다변화라는 관점에서 진행되어야 한다.

　정부의 정책적 방향으로서의 '탈일본화'와는 달리, 기업의 '탈일본화'는 변화하는 경제환경에 적응해 간다는 의미에서 전략적 선택이라는 성격이 강하다. 구체적으로는 일본이라는 공간을 벗어나더라도 여전히 일본 기업과의 관계를 유지하는 '탈일본화'와, 일본이라는 공간은 물론 일본 기업과의 관계에서도 벗어나는 '탈일본기업화'라는 두 가지 방향으로 '탈일본화'가 진행되고 있다[16].

　공간적으로 일본이라는 지역은 벗어나지만, 여전히 일본 기업과의 관계를 유지하는 '탈일본화' 중에는 ①일본기업이 한국에서 생산하는 경우(東京応化, 住友)와 ②일본기업이 제3국에서 생산하는 경우(JSR, ステラケミファ, 森田化学)가 있다. 공간적으로 일본이라는 지역을 벗어나는 것은 물론 일본 기업과의 관계에서도 벗어나는 '탈일본기업화' 중에는 ①한국기업이 국산화에 성공한 경우(솔브레인, SK이노베이션, 후성, 코오롱 등 다수), ②제3국 기업이 한국에서 생산하는 경우(Dupont), ③제3국 기업이 제3국에서 생산하는

---

16) '탈일본화'와 '탈일본기업화'의 개념을 처음 제시한 것은 김양희, 「일본의 수출규제 강화에 대응한 한국의 '탈일본화'에 관한 시론적 고찰」, 『일본비평』 24호, 서울대학교 일본연구소, 2021이다.

경우(Inpria) 등이 있다.

5. 구조적 변화

1) 한일 경제관계의 변화

최근 20년간 한국의 경제성장과 일본의 경기침체가 이어지면서 한일 경제관계에도 구조적 변화가 발생했다. 한일 경제관계는 무역 면에서 보나 투자 면에서 보나 지난 20년간 그 중요성이 낮아지고 있다. 그 결과 기존에 논의되어 온 한일 경제협력의 형태는 한계를 드러내게 되었다.

한일 경제협력의 대표적인 사례인 한일 FTA 논의는 2012년 이후 사실상 중단된 상태이다. 표면적으로는 한국의 대일 무역적자 심화에 대한 우려와 일본의 농산물 개방에 대한 거부감이 한일 FTA가 원활히 추진되지 못하는 배경으로 지적되고 있지만, 현실적으로는 변화된 두 국가의 경제관계에 비춰 볼 때 한일 FTA가 큰 실익이 없다고 판단했기 때문이다. 결국, 한일 양국 모두 RCEP, 한중일 FTA, TPP 등 다자간 경제협력을 통한 한일 FTA의 실질화에 관심을 보이고 있다.

한일 간 통화스와프로 대표되는 금융협력은 정치·외교적 갈등으로 중단되었다는 인식이 팽배하다. 실제로 2012

년 8월 이명박 대통령의 독도 방문이 계기가 되어 통화스와프의 연장이 중단되었고, 2016년 이후의 재개 논의도 부산의 일본 영사관 앞 소녀상 설치 문제로 중단되었다. 그러나 통화스와프 연장이 무산된 이면에는 일본의 경제력이 예전만 못하고, 세계 경제가 달러 중심으로 돌아가기 때문에 한일 간 통화스와프의 실익이 생각만큼 크지 않다는 판단이 작용했기 때문이기도 하다.

변화된 한일 경제관계에서는 이전과 다른 형태의 한일 경제협력을 필요로 하게 되었다. 최근 20년간 반도체, 액정 패널 등의 분야에서 일본 완성품 대기업들의 입지는 줄어들고 그 자리를 한국의 완성품 대기업들이 차지하기 시작했다. 그 과정에서 소재, 부품, 장비를 공급하는 일본의 중견·중소기업과 한국의 완성품 대기업 간의 협력관계가 형성되었다. 이번 수출규제로 인해 한국의 완성품 대기업들 입장에서는 일본의 중견·중소기업으로부터 소재, 부품, 장비를 조달하는데 불확실성이 확대되었다. 하지만 한국 대기업의 협상력(bargaining power)이 커지면서 수출규제로 인해 일본의 중견·중소기업 입장에서도 우량고객을 잃을 수 있는 리스크를 안게 되었다. 상호의존성이 강한 반도체산업에서 수출규제의 효과가 제한적이었던 이유의 이면에는 이러한 한일 경제관계의 구조적 변화가 작용했다고 볼 수 있다.

2) 경제안보의 중요성 부각

최근 20년간 중국의 부상은 역설적으로 GVC무역의 불확실성을 증폭시켰다. 1995년 세계적인 무역자유화 확대와 공정한 국제무역질서의 확립을 목표로 WTO 체제가 출범하고 중국은 2001년에 WTO에 가입하였다. 이후 지난 20년간 중국 중심의 국제 분업이 본격화되면서, 전통적인 상품무역의 시대는 끝나고 본격적인 GVC무역의 시대가 시작되었다. 국제 분업의 체계 속에서 전 세계는 중국을 생산과 수출의 거점으로 삼아 직접투자를 늘려가면서 변화하는 글로벌 무역환경에 발 빠르게 적응해 나갔다.

그러나 중국에 의존적인 국제 분업화는 필연적으로 GVC의 취약성으로 이어졌다. 전 세계적으로 보호무역기조가 강화되는 속에서 발생한 2018~2019년 미중 간 관세전쟁과 2020년 코로나19의 팬데믹을 겪으면서 전 세계는 탈중국화(중국GVC 의존에서 탈출)에 박차를 가하고 있다. 그리고 이러한 탈중국화는 경제안보 이슈와 맞물리면서 안전한 GVC 구축이라는 형태로 구현되고 있다. 디지털 경제, AI, 우주분야, 5G, 반도체 등 안보와 관련된 첨단 분야의 지식재산권 위반이나 강제 기술 이전 등 불공정한 관행의 악용에 대처하기 위한 미, 일, 유럽의 반중전선이 더욱 선명해지고 있다.

특히 미국 바이든 정부가 출범한 이후 반도체, 배터리, 희토류, 의약품 등 핵심제품에 대한 공급망 재편이 가속화되면서, 미국은 첨단기술이 중국으로 넘어가지 않도록 동맹국에 협조를 요청하고 있다.[17] 미국과 함께 반중전선의 궤를 같이하는 일본도 안전보장이라는 관점에서 반도체를 전략물자로 인식하고, 반도체산업의 부활을 성장전략의 핵심축으로 생각하고 있다. 1980년대 후반 전세계 반도체 생산의 50%를 차지했던 일본 기업들은 이후 한국, 대만 기업에 밀려 시장에서 자취를 감추었지만, 반도체 생산을 위한 소재, 장비 분야에서만큼은 여전히 세계 최고 수준의 중견·중소기업들이 건재하다. 일본 정부는 반도체 소재, 장비를 생산하는 일본 기업들이 대만, 미국 기업들과 연계해서 공동으로 반도체를 개발, 생산하는 것을 통해 반도체산업이 부활하기를 꿈꾸고 있다.

이러한 가운데 세계 최대 반도체 파운드리 기업인 대만의 TSMC는 2021년 2월 일본과 손잡고 쓰쿠바시에 200억 엔 이상을 투입하여 반도체 거점을 마련할 계획을 발표하였다. 올해 TSMC는 세계 2위 삼성전자와의 격차(영업이익, 기술력)를 더욱 벌리며 확고부동한 세계 1위 기업으로 자리매김했다. 수출규제로 인해 반도체 생산에 차질이 빚어질지도 모

---

17) 바이든 대통령은 2021년 4월 12일 정부 간 협의 대신 삼성전자 등 반도체 기업들을 불러 모은 백악관 회의에서 미국 내 투자 확대를 직접 주문했다.

르는 불확실한 상황에서, 반도체 산업을 통해 일본과 대만의 협력이 강화되고, TSMC와 삼성전자의 격차가 더욱 확대되고 있는 점은 우려스러운 부분이다.

3) 화학소재 산업의 부상

일본의 대(対) 한국 수출규제가 화학소재 산업의 첨단 소재 3품목을 딱 집어서 실시되었다는 사실은 중요한 시사점을 던져 준다.[18] 이는 지난 20년에 걸쳐 일본의 산업이 경험한 구조적 변화와 깊은 관련을 가지고 있기 때문이다.

일본 경제가 침체의 길을 걷고 있는 와중에도 세계 3위의 경제규모를 유지할 수 있는 것은 소재, 부품, 장비 분야의 중견·중소기업이 선전한 덕분이다. 1989년에 전 세계 시가총액 50위권 기업 중에서 일본 기업은 무려 32개나 포함되어 있었지만, 30년이 지난 2019년에는 도요타자동차 한 기업만 살아남게 되었다. 세계적인 브랜드 파워를 가진 대기업들이 사라지면서, 일본의 산업은 내부적으로 커다란 구조적 변화를 겪게 되었다. 첫 번째는 일본 재계의 파워가 과거의 자동

---

18) 이하 문준선, 『포스트 한일경제전쟁』, 스마트북스, 2021의 내용을 참고해 정리했다. 일본 소부장 화학산업에 대한 문준선의 해석은 한일 경제관계에 있어 대단히 중요한 힌트를 던져준다.

차산업과 전자산업에서 점차 화학산업으로 이동하고 있다는 것이다. 이를 단적으로 보여주는 것이 일본 경제단체 연합회의 경단련(経団連)과 경제동우회(経済同友会)의 회장이 화학산업 분야에서 임명되는 경우가 많아졌다는 점이다.[19] 두 번째는 과거처럼 완제품을 생산하는 대기업이 일본경제를 견인하는 것이 아니라, 소재, 부품, 장비 분야, 그 중에서도 특히 화학소재 산업의 중견·중소기업에 대한 의존도가 커졌다는 점이다.

일본 정부도 화학소재 산업을 경제 부활의 핵심 분야로 인식하고 있으며, 화학소재 산업은 경제를 넘어 안보에까지 영향을 미치는 산업이기 때문에 강한 수성 의지를 보이고 있다. 이러한 시점에서 対한국 수출규제 3품목이 화학소재라는 점은 단순히 우연이라고 보기 어렵다. 화학소재 전략품목에 대한 일본의 수출규제를 즉흥적, 단발적 이벤트로 볼 것이 아니라, 앞으로 일어날 일련의 움직임을 예견하는 구조적인 변화의 첫 사례로 이해할 필요가 있다.

---

19) 현재 경단련의 회장은 2021년 6월에 임기가 시작된 도쿠라 마사카즈(十倉雅和) 스미토모화학(住友化学株式会社)의 회장이며, 경제동우회의 경우에도 전임 고바야시 요시미쓰(小林喜光) 미쓰비시케미컬(三菱ケミカルホールディングス) 회장이 4년간(2015~18년도) 회장직을 역임했었다.

6. 수출규제 해법

앞서 일본 수출규제의 효과가 제한적이라고 했지만, 그렇다고 해서 전혀 피해가 없었다는 뜻은 아니다. 지금까지 코어 부품과 소재 분야에서 대일의존도가 높았던 이유는 비교우위에 입각한 한일 간 분업관계가 가장 효과적이었기 때문이다. 즉 소부장 제품의 수입이라는 선택은 국산화와 비교했을 때 경제적·기술적으로 합리적인 경영판단의 결과였던 것이다. 이러한 점에서 이번 수출규제는 양국의 경제적 후생을 감소시켰다고 볼 수 있다. 수출규제로 인해 한국은 일시적 공급차질과 공급선 변화에 따른 비용을 지불해야 했으며, 일본은 한국의 우량고객을 잃지 않기 위해 추가비용을 지불해야 했기 때문이다. 결국, 일본의 수출규제는 양국의 과거사를 둘러싼 갈등이 GVC를 교란시킴으로써 양국의 경제적 후생을 감소시킨 최초의 사례가 되었다.

수출규제의 해법으로 먼저 정치·외교적 협상을 생각해 볼 수 있다. 그러나, 양국 국민의 반일·혐한 정서가 과거 어느 때보다 강한 현재, 이러한 방안은 당분간 뾰족한 해법이 되기는 힘들 것으로 보인다. 불행 중 다행인 것은 정치적 부담과 국내기업의 소송 가능성 등의 이유로 일본 정부가 자의적인 개입을 통해 규제의 강도를 현재보다 더욱 강화할 가능성은 현재로서는 낮아 보인다는 것이다. 다만, 한국 법원에 압류되어 있는 PNR 주식의 현금화 또는 앞으로 있을 강제동원 관련 소송의 결과에 따라서 한일관계는 걷잡을 수 없는 새로운 국면으로 접어들 가능성도 있다. 이 경우, 일본이 당장 쓸 수 있는 카드는 첨단소재 3품목처럼 비민감 전략물자 중에서 특정 품목을 추가적으로 지정해 관리강화를 발표하는 것이다. 우리 정부는 추가적인 수출규제의 빌미를 제공할 수 있는 PNR 주식의 현금화를 피할 수 있는 묘책이 필요한 상황이다. 또한 단기적으로 정치·외교적 협상 방안이 적절한 해법이 되기는 힘들지만, 현금화를 최대한 지연시키면서 장기적으로는 강제동원 문제를 정치적으로 해결할 수 있는 환경을 조성할 필요가 있다.

두 번째 해법은 WTO 제소이다. 우리 정부는 WTO가 정한 분쟁 해결절차에 따라 정당한 문제제기를 하면서, 그와 동시에 통상환경 변화에 따라 전략적으로 대응할 필요도 있다. 무역과 안보의 연계는 현행 WTO 체제 아래서 아직 그 규범이 모호하고 느슨하기 때문에, 일본과의 치열한 법리다툼을 대비해야 한다. 일본은 국가안보 예외조항인 GATT 제21조를 원용하여 수출관리를 강화했다고 주장할 것이며, 이에 우리 정부는 수출규제가 사실상 강제징용 판결에 대한 보복조치이며, 수출통제와 관련한 부적절한 사례도 입증하지 못했음을 강조

해야 한다. 문제는 과거와 달리 보호무역기조의 심화, 쿼드는 물론 유럽까지 합세한 반중국 연대의 강화 등으로 다자주의적 국제무역질서가 무너지면서 WTO의 분쟁해결 기능이 원활히 작동하지 않을 가능성이 커졌다는 것이다. 이 경우, 우리는 한중일 FTA, RCEP, TPP등 거대지역주의(mega-regionalism)를 적극 추진하면서 'GVC의 구조적 개편을 통해 수출규제의 실질적인 무력화'를 앞당길 필요가 있다.

세 번째 해법인 'GVC의 구조적 개편을 통한 수출규제의 실질적인 무력화'란 다른 말로 '탈일본화'로 표현할 수 있다. 중요한 것은 정부의 '탈일본화'와 기업의 '탈일본화'가 의미하는 바가 질적으로 다를 수 있다는 점이다. 정부의 '탈일본화'는 소부장 산업을 강화해서 대일의존도를 낮추는 것, 즉 '탈일본기업화'에 가깝다고 할 수 있다. GVC의 구조적 개편이라는 측면에서 대일의존도를 낮추는 '탈일본화'는 단기적으로는 경제적 후생의 감소를 가져오겠지만, 장기적으로는 소부장 산업발전의 긍정적 계기가 될 수도 있다. 다만 대일의존도를 낮추는 것이 경제적 타당성을 도외시한 완벽한 기술자립이 되어서는 안 되며(즉, '탈일본기업화'에 집착할 필요 없이), 일본기업을 포함한 공급선 다변화와 연결되어 진행되어야 한다. 실제로 현재 수출규제는 본질적인 문제(강제징용 문제)의 해결과 상관없이 한국 기업과 일본 기업의 전략적인 상호작용(예컨대, 일본기업이 한국 또는 제3국으로 생산지를 변경하는 것)으로 수출규제의 실질적인 무력화가 이루어지고 있다. 따라서 우리 정부는 기업의 '탈일본화'를 측면 지원할 수 있는 다양한 방안을 고민할 필요가 있다.

4

사회문화 분야 개선 방안

대전환 시대의 한일관계와
사회문화 분야의 과제

　정치, 경제 분야와 달리, 사회문화 분야는 상호 교류협력을 통해 상생(win-win)할 수 있는 가능성이 더 많다. 정부는 민간, 시민사회 내의 자생적 활동을 측면에서 지원하고, 필요한 기반(infrastructure)을 조성하는 역할이 바람직하다.

　1965년 국교정상화 이후 반세기를 거쳐 한일 양국은 수직에서 수평의 방향으로, 전반적으로 대등한 관계로 전환되었다. 사회문화 분야에서는, 저출산 고령화 등 인구구조의 변화 및 지방소멸, 불평등 등 유사한 사회문제를 겪는 단계로 진입한 동시에 서로의 문화를 편견없이 존중하고 향유가능한 시대로 접어들었다. '혐한'과 '노 재팬' 등 장애요인이 있으나, 큰 눈으로 보자면 공통의 문제로 고민하고, 공통의 소재를 즐길 수 있는 '동고동락(同苦同樂)'의 구조적 기반이 마련되었다.

'선진국'에 빨리 도달하면 할수록 '고도성장'과 '압축성장'의 부하와 부작용까지 전면화되면서 온갖 문제가 격화되기 마련이다. 그러나 "다른 나라들보다 앞서 문제를 겪는 만큼 선도적으로 해법을 찾는다면 인류 전체에 희망을 줄 수 있"는 '선진 문제국가'로서 한일 양국 스스로를 규정하고 해법을 공유하며 협력할 필요가 있다.

또한, 한국은 한때 일본을 성장의 '역할 모델'로 삼았다가 이후에 '역전'하고 '추월'한 것을 '자기도취'의 소재로 삼기만 해서는 안되며, 일본 역시 한국의 '추격'과 '추월'을 불편해하기만 해서는 안된다. 한일 모두 불평등이 확대되고 있으며, 소득수준에 비해 행복 순위는 낮다. 성장 중심의 수치 비교를 넘어, 서로 더 나은 삶의 질과 행복을 추구하는 방향으로 갈 수 있도록 학습하고 자극하는 선의의 경쟁 구도로 프레임을 전환해야 한다.

'코로나19' 사태가 종식되면, 1,000만 상호방문 시대를 적극 복원하도록 해야 한다. 여행 관광은 대중적 차원에서 상대를 알고 이해할 수 있는 가장 효과적인 통로이다. 또 수많은 자생적인 시민단체와 모임들의 한일 교류가 자발적으로 재개될 것이며, 선순환적 소통이 확대될 수 있으리라 기대된다. '혐오' 언설에 대해서는 장기적인 관점에서의 다각적인 대응이 필요하다.

교류 촉진과 관계 개선을 위한 구체적 예시를 들자면, 코로나19 종식 이전에는 한일 간 '백신 여권', 상호문화 공모전, '랜선 수학여행'(리모트 수학여행) 등을 추진해 볼 수 있고, 코로나19 종식 이후로는 한일 평화콘서트 개최를 고려해 볼 수 있다.

대전환 시대의 한일관계와 사회문화 분야의 과제

이지원

(한림대 교수)

1. 사회문화 분야의 특성

정치, 경제, (사회)문화라는 3개의 범주는 흔히 근대체제와 함께 산출되고, 또한 근대체제를 설명하는 주요 개념으로 간주된다. 그 중 (사회)문화는, 대상과 정의가 뚜렷한 정치, 경제와 달리, 오히려 정치와 경제 아닌 모든 것을 담는 잔여범주의 성격을 띠기도 한다. 이 3개의 층위는 서로 연관되고 서로에게 영향을 주는 상호규정적 관계에 있기도 하나, 층위별로 상대적 자율성을 지니며, 각 층위의 내재적 논리에 의해 작동하는 속성을 갖기도 한다.

한일관계를 돌이켜 보며 당면과제를 헤아려 보는 이 마당에도 이 점은 유효하다. 정치(외교와 과거사), 경제 분야와 달리, 사회문화 분야에서는 승패를 다투는 영합(zero-sum) 게임의 성격보다는, 상호 교류협력을 통해 상생(win-win)할 수 있는 가능성이 더 많고 크다. 현재 한일관계에서 과거사와 외교, 경제 분야에서는 명백히 충돌하며 갈등을 빚고 있는 쟁점들('위안부' 및 '강제동원' 문제, 'GSOMIA' 및 '화이트리스트 배제와 수출 규제' 등)이 있으나, 사회문화 분야는 그렇지 않다. 과거사와 외교, 경제 분야에서는 한일 양국이 서로 자신의 견해와 입장을 '정의'(justice)에 입각한 것으로, 상대국은 '불의(injustice)/부도덕'한 나라로 치부하는 프레임('반성하지 않는 나라' '양심불량' '전범국' ↔ '끝없이 사죄와 보상을 요구하는 나라' '약속을 지키지 않는 나라' '무법국가' 등)이 지배적이나, 사회문화 분야에서는 전근대와 근대에 걸쳐 한일 양국 간에 우열의 위치를 바꾸어 가며 전개되었던 '문명 대 야만'의 프레임은 사실상 소멸하였다. 현재의 '반일'과 '혐한'은 그와는 다른 차원에서 생성된 것이며, 양국의 사회와 문화를 바라보는데 있어서 '편견'이나 '고정관념'은 크게 약화되었고, 정치나 경제 타 요인에 의한 영향이 아닌 사회문화 분야 자체의 내적 요인에 의해 한일 서로 간에 적대하는 사례는 찾기 힘들 정도가 되었다. 또 정부가 개입하여 이 분야에 영향을 미칠 수 있는 정도도 다른 분야와는 다르며, 오히려 민간, 시민사회 내의 자생적 활동을 측면에서 지원하고 필요한 기반(infrastructure)을 조성하는 역할이 바람직하다. 사회문화 분야는 이런 점에서 정치, 경제 분야와는 결이 다르다. 그렇다면, 사회문화 분야에서 보았을 때 의미있는 한일관계의 '대전환'은 무엇이며, 또 그에 대응하여 앞으로의 한일관계를 어떻게 '재구축'(재정립)하면 좋을까?

2. 한일관계의 시기 구분과 '대전환'

1) 1965~현재 : 3개의 시기 구분

(1) 1965년 국교정상화 이후 1990년 전후의 '탈냉전'까지

한일 국교정상화를 통해 공식적으로 정치 및 안보 면에서 세계적인 냉전체제 하 '반공'을 중핵으로 한국과 일본이 연대하는 관계가 되었으며, 경제 면에서 일본은 한국의 '역할 모델'로 간주되었다. 그러나 (사회)문화적인 면에서는 '반일' 기조가 완강했다. '반일'은 '정부 주도'의 '대중문화 수입 규제'('왜색 철폐')와 '애국주의' 교육 및 국가적 의례(삼일절과

광복절) 중심의 한 축과, 일제 경험과 피해에 기반한 자생적·민중적 '반일 정서'를 한 축으로 하는 두 차원에서 진행되었다. 일본은 1968년 서독을 제치고 서방세계 2위의 경제대국으로 부상했고, 1970년에는 고령화 사회(65세 이상 인구 7% 이상)로 진입했다. 한일 간의 국력 차이는 확연했다.

(2) 1990년 전후 '탈냉전' 이후 2012년 말까지

세계적인 규모에서의 '탈냉전', '지구화', WTO체제, '문화의 시대', '소프트파워', '정보화', '인터넷' 등이 이 시기를 열어젖힌 특징적인 공통어이다.

한국의 경우에는 정치적 '민주화', '여행자유화'(1989), 중산층 성장, '대중소비주의', '위안부 증언' 및 정대협 출범, 'IMF금융위기'(1998) 및 양극화, '일본대중문화개방', 고령화사회 진입(2002) 등의 특징이 더해진다.

일본의 경우에는 '버블붕괴', '자민당 1당지배 붕괴', '제2의 개항', '보통국가론', '한신아와지대지진'(1995), '전후 50년 국회 결의'(1995), '새역모', '일본회의' 등 우익풀뿌리운동의 성장, 65세 이상 인구 14% 이상인 고령사회 진입(1996), '겨울연가'와 '한류 붐', '북한의 일본인 납치' 이슈 및 '북한 때리기', '출산율 1.57 쇼크'(1989) 및 역대 최저 1.26 기록(2005), 인구감소

시작(2006년 1억 2,777만 명이 정점), 65세 이상 인구 20% 이상
인 초고령사회 진입(2006), 민주당 집권 및 붕괴(2008-2012),
'3.11.동일본대지진'(2011) 등이 특징적 키워드가 될 것이다.

이 시기는, 한국의 '상승'(OECD 가입)과 일본의 '하락'
('거품경제 붕괴')이 시작된 시기이며, 여러 가지 우여곡절에
도 정치적 민주주의, 시장경제, 자율적 시민사회, 문화산업
및 상품소비 확대, 정보화의 진전 등의 면에서 한일 간에 공
감대와 교류가 확산된 시기이다. '김대중-오부치 공동선언',
일본대중문화개방, 일본 내 '한류'의 대유행, 한국 내 일본 음
식점 및 브랜드 제품, 만화 도서 및 각종 서브컬처의 일상화
등 '일류'의 진전, 각종 시민교류 및 여행 관광의 대중화가 이
루어졌다. 그와 동시에 문화적 편견이 약화되고, 문화상대주
의적 관점이 확산되며, 역사적인 '문명 대 야만'의 구도는 사
실상 해체되었다.

이 시기의 후반에 중국이 급부상하며 GDP 면에서 중일
의 지위는 역전되었다(2010). 한국의 국가신용등급도 일본을
추월하며(2012) 한일 간 격차가 많이 좁혀졌으며, 동시에 한
중일 간 '내셔널리즘' 경쟁 및 새로운 혐오 언설도 전개되기
시작하였다. 예컨대 2002년 한일월드컵 공동개최는 공식적
으로는 양국의 우호의 표현이었지만, 비공식적으로는 한국
내 '반일' 정서의 존재를 확인하고, 일본 내 '혐한' 기류가 대

중화되는 계기로도 작용하였다.

(3) 2013년 이후 현재, 또 앞으로의 시기

중국이 이른바 G2로 불릴 정도로 급성장하고, 한국이 G8~G12 대열에 진입하며, 일본의 '위기감'과 '불안감'이 증대되고, 미국은 오바마, 트럼프, 바이든을 관통하는 '중국 견제'와 미일동맹 확대강화에 나서는 '신냉전' 기류의 시기이다.

일본은 2012년 말 아베 2차 내각의 등장 및 전격적인 야스쿠니 참배 이후 7년간 장기집권하며 '우경화'의 길을 추동했고, 미일동맹강화 구도 하에서 국력의 재신장을 도모하였다.

그러나 초고령화는 2015년 26.7%, 2025년 30%대가 예상되는 속도로 진전되고 있으며, 2012년 이후 출산율은 약반등하여 1.4 초중반대를 유지하다 2019년에 다시 1.36으로 하락하는 등 불안한 상태이다. '지방소멸'도 가시화되고 있으며, 장차 도쿄 수도권도 위험하다는 전망마저 나온다.[1] '혐한' 출판 및 방송, 정치적 발언 등 혐오 언설이 확대된 현상은 전례없던 일이다. 한국 측의 '위안부' 합의 후의 대응 및 강제징용 대법원 판결을 둘러싸고 '반도체 부품 수출 규제'(2019) 등 대

---

1) NHKスペシャル取材班, 『縮小ニッポンの衝撃』, 講談社, 2017.

한 보복 조치를 단행한 것 역시 그러하다. 그럼에도 방한 일본인은 9년 만에 최대 인원인 302만 명(2019)을 기록하기도 했다.

한국은 정치적 역동성('촛불혁명'), 경제력 상승(G10), K-방역 및 영화 '기생충', 아이돌그룹 BTS, 블랙핑크 등을 통해 선진국, 문화강국의 이미지를 획득했다. 구매력평가지수(PPP) 기준 1인당 GDP 면에서도 한국은 일본을 추월하게 되었다(2017). 경제력 상승과 대외적 자신감은 관광여행 붐으로 이어져 9년 연속 출국 관광객 수가 증가했으며(2019년 28,714,247명), 방일 한국인도 2018년에 역대 최대인 7,538,952명을 기록했다.[2] 2019년의 '노 재팬' 사태 (방일 한국인 5,584,600명, 전년 대비 25.9% 감소), 2020년 코로나19 시국(방일 한국인 487,900명, 91.3% 감소)의 영향으로 일본 관광은 사실상 중단된 상태이나, 그 잠재력은 여전하다고 볼 수 있다. 한편 같은 시기에 65세 이상 인구 14% 이상인 고령사회에 진입(2017년)했으며 2025년에 20%를 넘어 초고령사회로 진입할 예정이다. 지역별로는 강원과 경북, 전남과 전북 등이 이미 초고령사회 상태이다.[3] 출산율

---

[2] 관광지식정보시스템,
https://www.tour.go.kr
[3] 통계청, 「2020 고령자 통계」,
http://kostat.go.kr/portal/korea/kor_nw/1/1/index.board?
bmode=read&aSeq=385322

저하는 갈수록 심각하여 전 세계 최저 수준이다(2019년 0.92, 2020년 0.84).

요약하자면, (1) 시기에는 '30년의 격차'가 이야기될 정도로 전 분야에 걸쳐서 양국의 차이가 컸다. (2) 시기에는 10-20대 '신세대'를 중심으로 일상생활 및 의식상의 격차가 해소되어 갔다. PC 보급률 및 초고속인터넷망 등 정보화 면에서는 한국이 선행하였고, 21세기 이후에는 드라마, 대중음악(아이돌) 면에서도 두각을 나타내기 시작했다. 일본은 고령사회(1996) 및 초고령사회(2006)로 진입했고, 인구감소가 시작되었다. (3) 시기에는 여러 분야에 걸쳐 양국이 전반적으로 대등해졌고, 일각에서는 '한일 역전'과 '추월'을 말하게 되었다. 한국도 고령사회 단계에 진입했으며, 수년 내로 일본과 같은 초고령사회로 진입한다. 지방소멸, 양극화 등도 공통적 현상이다.

2) '대전환'의 의미

1965년 국교정상화 이후 반세기, 1910년 일제 강점 이후로는 1세기 이상의 세월이 흐른 후, 한일 양국은 정치경제 및 사회문화적 수준과 역량 면에서 전반적으로 상당 정도 대등한 관계로 전환되었다. 이는 객관적 지표(민주화, 산업구조, 소득 등) 및 상호인식 등, 양과 질의 면에서 공히 확인가능하다.

현 시기는 (1)과 (2) 시기에 비해, 정치안보 분야에서의 긴장 발생, 경제 분야에서의 경쟁 경합 확대 등의 면이 있지만, 사회문화 분야에서는 인구구조 및 각종 사회문제의 동형화, 생활수준과 의식, 각종 소비생활 면에서의 대등화라는 면이 가장 크다. 양국은 크고 작은 차이는 있을지라도 질적으로 유사한 사회문제를 겪는 단계로 진입했다. 또한 서로의 문화를 편견 없이 상호 존중하고 향유 가능한 최초의 시대로 접어들었다. 일부 지식층 혹은 지도층에서가 아닌 대중적 차원에서, 또 일부 문화재가 아닌 일상생활 면에서 상대의 문화 전반을 존중하고 향유 가능한, 긴 눈으로 보면 한일 역사상 최초의 시대가 열린 것이다. 당장은 '혐한'과 '노 재팬' 등 장애요인이 돌출되어 보일지 모르나, 큰 눈으로 보자면 공통의 문제로 고민하고, 공통의 소재를 즐길 수 있는 '동고동락(同苦同樂)'의 구조적 기반이 마련된 시대이다.

3. '대전환' 시대의 과제

이러한 '대전환'을 맞이하는 태도는 양국 내부에서도 균일하지는 않다. 대변화에도 불구하고, 한국의 경우 한편으로는 여전히 "일본은 큰 나라"라며 경계하거나 자신을 과소평가하는 반면, 다른 한편으로는 '한일 역전', '추월' 등 자신감을 보이거나, 더 나아가 상대를 과소평가하는 흐름도 엇갈려 존재한다. 양쪽의 견해 모두 사실이나 모두 일면만을 보는 것일 수 있다. 일본 역시 그러하다. 전환기일수록 균형적 인식이 요구되며, 새로운 상황에 맞는 새로운 대응이 필요하다. 사회문화 분야는 더더욱 '우승열패(優勝劣敗)'의 관점이 아닌 '호혜상생(互惠相生)'의 시각에서 접근할 필요가 있다. 사회문화 분야는 정치경제와 긴밀히 연관되고 또 그 구속을 받으면서도, 상대적 자율성을 띤 영역이며, 정치경제 분야의 교착과 갈등에도 불구하고 공통의 선호와 상호 이익을 위한 교류협력의 가능성이 더 큰 분야이다.

사회문야 분야에서 한일은 어떤 교류 협력을 할 것인가? 여기서는 '선진 문제국가', '더 나은 삶을 위한 경쟁', 상호교류 확대와 선순환적 소통 촉진이라는 키워드를 중심으로 기본 방향을 제시하고자 한다.

1) '선진 문제국가'라는 공통점을 인지하고 해법을 공유하자

'선망국'(先亡國), 말 그대로 '먼저 망해가는 나라'라는 뜻의 용어를 조한혜정 교수가 제시한 바 있다. "많은 개발도

상국 국민들의 선망을 사고 있는 한국이 OECD 국가들 중 가장 높은 자살률, 가장 긴 노동시간과 가장 짧은 수면 시간, 가장 낮은 출산율, 가장 높은 우울지수를 기록하고 있기 때문이다."[4]

그러나 이 단어는 단지 '사멸'을 뜻하는 부정적인 의미만을 지닌 것은 아니다. 바로 "다른 나라들보다 앞서 문제를 겪는 만큼 선도적으로 해법을 찾는다면 인류 전체에 희망을 줄 수 있"[5]는 나라라는 '낙관적 기대'를 내포한 개념이다. 이 개념의 문제의식에 공감하며 '추월의 시대'를 논한 30대의 논자는 "한국 사회는 그동안 너무 각박하게 근대화를 추구하다 보니 서구 선진국과 일본 등이 머뭇머뭇하며 수용하지 않았던 것들까지 너무 빨리 수용해버렸다. 이미 그 부작용도 경험하고 있다. 그러나 그렇기 때문에 한국 사회의 시민들은 '우리가 지금 무슨 문제에 맞닥뜨렸는지' 더욱 선명하게 인식할 수 있다. 이것은 결코 만만한 자산이 아니"라며 나름의 근거와 긍정적 대응의 사례도 제시하고 있다[6]

여기서는 자칫 단순화된 오해를 낳을 수 있는 이 용어의

---

4) 조한혜정, 『선망국의 시간』, 사이행성, 2018, 12쪽.
5) 이웅, 「"한국은 굉장히 앞서가는 선망국이죠"」, 『연합뉴스』. 2018. 8. 1., https://www.yna.co.kr/view/AKR20180731156900005
6) 백승호, 「'선망국'의 역설: 한국, 매를 먼저 맞고 미래로 가다」, 김시우 편. 『추월의 시대』, 2020, 241-242쪽.

위험성을 경감하기 위해 '선진 문제국가'(advanced countries with advanced challenges)라는 표현을 쓰고자 한다. '선진국'에 빨리 도달하면 할수록, 빨리 정점에 이르면 이를수록, '고도성장'/'압축성장'의 부하와 부작용까지 전면화되면서 온갖 문제가 격화되기 마련이다. 우리에 앞서 일본은 그 길을 걷고 있고, 이제 우리가 바로 그 길로 들어서고 있다.

일본은 한때 미국을 추월할 것으로 전망됐지만 "과거 수십 년 동안 보여주었던 화려하고 놀라울 정도의 부상만큼 쇠퇴하는" 모습을 보이고 있다. 아베 정부 시기가 일본 국력이 최정점('피크 재팬')에 달한 시기로, 구조적·태도적 제약이 결합해 일본이 현재와 미래의 도전에 적응할 능력이 한계에 달할 것으로 본다.[7]

마찬가지로 "한국의 국력이 2020년 쯤에 역사상 최정점, 즉 '피크 코리아'에 도달한 것이 아닌가", "출산율이 0.84명으로 급락하여 역사상 최초로 사망자가 출생아를 3만 3,000명 상회하는 인구의 자연감소를 보였다. 또한 소멸 위험 지역의 급증(105개 시군구), 정원 미달 대학의 급증(175개 대학 2만 6,000명 미충원) 등과 같은 문제도 동시에 나타났다"는 진단이 나오고 있다.[8]

---

7) 브래드 글로서먼, 김성훈 역, 『피크 재팬』, 김영사, 2020, 17-19쪽.
8) 성경륭, 「피크 코리아, 쿠오바디스 코리아?」, 『국민일보』, 2021. 3. 25.,

일본과 비교할 때 우리의 상황은 한층 더 어려워 보인다. 우선 일본이 인구의 최정점에 도달한 시기는 2010년이며 한국의 경우 일본보다 불과 10년 정도 뒤인 2020년 전후에 인구 정점과 경제력 정점에 도달했다. 그런데 1997년 외환위기 이후 한국의 출산율 하락 속도와 고령화 속도가 크게 증가했고, 이로 인해 2020년에 들어와 인구의 자연감소와 함께 한국의 인구 재생산이 불가역적 위기에 처하게 된 것이다.

이런 상황을 방치하면 앞으로 어떤 일이 일어날 것인가? 우선 2100년 쯤 2,000만 명 초반대로의 인구 급감, 지방 소멸의 급진전, 각급 학교의 폐교, 수많은 기업의 부도, GDP 규모의 급격한 축소, 국가재정과 사회보장제도의 붕괴 등과 같은 문제들이 꼬리를 물고 발생할 것으로 예상된다."9)

아마 2100년까지 가기 이전에 이로 인한 문제가 심각해질 것이다. 한일 간에는 차이도 많으나, 이런 면에서의 공통점은 상대적으로 세계에서 가장 유사할 것이다. 저출산, 고령화, 지방소멸로 인한 문제들은 단기간에 해결될 수 있는 것들이 아니다. 중장기적 차원에서 최우선 중점과제로 놓고, 한일 간에 협력할 필요가 있다. 가령 각종 정책별 및 지역별 성

http://news.kmib.co.kr/article/view.asp?
arcid=0924184110&code=11171316&cp=nv
9) 성경륭, 「피크 코리아, 쿠오바디스 코리아?」.

공 사례와 실패 사례를 솔직하게 공유하는 데이터베이스를 운영하며, 각종 아이디어를 얻거나 혹은 반면교사로 삼을 수도 있다. 우리보다 수십 년 앞서 경험 중인 일본의 풍부한 사례를 활용 가능하며, 일본도 한국 측의 새로운 시도나 사례를 참조할 수 있을 것이다.

2) '삶의 질과 행복'을 향한 선의의 경쟁 관계로 전환하자

근년에 벌어진 한국의 일본 추월 현상은, 명실공히 '한일 역전'을 이야기하게 한다.[10] 가령 국가신용등급, 삼성의 영업이익과 일본 전자기업의 영업이익, 구매력평가지수(PPP) 기준 1인당 명목 국내총생산(GDP) 등의 각종 지표들이 이를 입증한다. 근로자 임금도 근속 5년차부터 한국(월 362만원)이 일본(343만원)을 넘어섰다.

이 모든 지표들은 사실이다. 그렇다면 곧바로 한국이 일본보다 '낫다'고 자부할 수 있을까?

---

10) 이명찬, 『한일역전』, 서울셀렉션, 2021.

〈표1〉 기업규모별 평균임금 국제비교(500인 이상 대비)

〈기업 규모별 평균임금 국제 비교(500인 이상 대비)〉

(단위 : PPP 기준 US $, %)

구분	한국(2017)		미국(2015)		일본(2017)		프랑스(2015)	
	평균임금	비중	평균임금	비중	평균임금	비중	평균임금	비중
1~4인	1,990	32.6	3,731	78.8	2,697	65.7	3,083	58.8
5~9인	2,945	48.3	3,071	64.8	3,166	77.1	3,321	63.4
10~99인	3,490	57.2	3,450	72.8	3,438	83.8	3,625	69.2
100~499인	4,267	70.0	4,029	85.1	3,605	87.8	4,164	79.5
500인 이상	6,097	100.0	4,736	100.0	4,104	100.0	5,238	100.0
전체	3,302	54.2	4,200	88.7	3,616	88.1	3,811	72.8

출처: 한국노동연구원, 「임금정보브리프」 2018년 제9호 No.3.

위 자료는 한국의 기업 규모별 임금 격차가 OECD 최고 수준임을 보여준다. 수치상으로 피고용자 상층은 미국, 일본, 프랑스보다 소득수준이 나으나, 하층은 그렇지 못하다. 2019년의 한국은행 보고서 〈한국과 일본의 청년실업 비교분석 및 시사점〉 또한, "한국의 50인 미만 기업체의 평균 임금(238만 원)은 300인 이상 기업체 근로자(432만 원)의 55퍼센트에 불과하다. 대졸 신규 취업자를 기준으로 2015년 중소기업 정규직 초임 평균(연봉 2,532만 원)은 대기업 정규직 초임 평균(연봉 4,075만 원)의 62퍼센트에 불과한 것으로 나타났다 … 한국은 노동자의 전반적인 임금소득이 일본보다 낮을 뿐만 아니라, 중소기업과 대기업 간 임금 격차, 양질의 일자리 부

족 현상이 더 큰 상황"이라고 설명했다.[11]

　이러한 소득 격차가 어릴 적부터 교육 경쟁과 입시열을 가중시키고, 또 가혹한 경쟁을 뚫고 나온 상위그룹은 경쟁과 격차를 정당화하고 자신이 받는 보상을 유지하려 들면서 불평등이 재생산되는 악순환에 빠진다. 학력과 학벌, 직업과 직장 간판으로 좌우되는 전 사회적인 서열화와 차별 속에서 스트레스와 우울증은 늘어날 수밖에 없다.

　복지와 사회적 안전망은 아직 취약하다. 특히 고령자의 상대적 빈곤율(44%)은 프랑스(3.6%)나 노르웨이(4.3%)는 물론이고 미국(23.1%)에 비해서도 월등하다. 삶의 만족도는 국민 전체 평균(39.1%)보다 낮은 25%이다. 한국은 2017년 한 해만 제외하고 2003년부터 2019년까지 OECD 국가 중 자살률 1위를 기록했으며, 그 중 고령자의 자살률은 특히 세계 최고 수준이다(2018년 기준 70대 48.9명, 80대 69.8명). IMF 금융위기 전까지는 '자살대국'이라 불리던 일본을 밑돌았으나, 21세기 이후로는 완전히 '추월'하여 '역전'하였다.

　한국의 수도권 집중 정도는 타의 추종을 불허한다. 일본도 '일극 집중'이란 말의 본산이나, 오사카, 나고야 등 경제 중심이 분산되어 있는 편이며, 대기업의 본사도 각 지방에

---

11) 백승호, 「공정의 재정의: 공채공화국을 타파하라」, 『추월의 시대』, 2020, 254-256쪽.

산재한다. 한국은 '초일극 집중'이라 할 것이다.

한국의 취업문제, 특히 청년 취업난이 심한 것은 잘 알려져 있다. 반면 일본은 인력난을 겪고 있다.

이상의 언급은 한국의 실태를 폄하하고 일본의 현상을 옹호하려는 것은 아니다. 일본은 '버블붕괴' 이후 '잃어버린 30년'을 겪고 있다. 부의 총량이 감소할 뿐 아니라, 내부의 불평등 역시 확대되었다. 고도성장기에는 '1억 총중류사회'라는 표현이 통용되었으나, 1990년대 이후 양극화가 서서히 확대되었고, 21세기 들어서는 '격차사회'임을 부정할 수 없게 되었다. 중산층은 줄어들고, 비정규직과 파트타이머가 급증하였다. 최근 일본 언론에는 "왜 일본은 한국보다 가난해졌는가"라는 기사가 실리기도 하였다. 구매력평가 환산 1인당 실질국민소득은 1990년 일본이 한국의 약 2.6배였으나 2018년 한국 4만 1,409달러, 일본 4만 1,001달러로 역전했고, 2026년에는 한국 약 4만 9천 달러, 일본 4만 4천 달러로 더 커질 전망이다.[12]

소득불평등과 관련하여 지니계수(균등화 치분가능소득 기준)로 보았을 때, 2015년 기준 일본은 0.339, 한국은 0.352로 그리 큰 차이는 아니다.[13] 다만 65세 이상 고령세대의 경우는

---

12) 이강국, 「일본은 한국보다 가난해졌는가」, 『한겨레신문』, 2021. 5. 4.
13) 한국은 2019년 0.339로 하락. e-나라지표, 「통계청 지니계수」, https://www.index.go.kr/potal/main/EachDtlPageDetail.do?idx_cd=1407

한국 0.425, 일본 0.351로 한국이 현격하게 높다.[14] 앞서 언급한 고령자 빈곤율과도 맥이 닿는 부분이다.

자산불평등의 경우, 한국 가계의 자산 지니계수는 0.7248 (2013~2017년 5년치 평균)로 OECD 국가 중 높은 편은 아니나, 0.6대에 머무른 일본이나 호주, 이탈리아에 비해서는 높다.[15] 부동산 자산 관련 체감 불평등도는 매우 높으며, 최근의 추이가 반영된다면 더 높게 측정될 것이다.

즉, 몇몇 항목의 평균 수치만을 가지고 발전과 성공을 이야기하는 것은 한계가 있다는 것이다. 발전의 내실과 사회적인 배분 상황도 고려하여 보아야 한다. 몇몇 총량 수치의 우열 다툼이 아닌, 넓은 의미의 삶의 질과 행복의 면에서 양국이 서로 더 나은 방향으로 갈 수 있도록 학습하고 자극하는, 선의의 경쟁 구도로 프레임을 전환할 필요가 있지 않을까?

"예를 들어 한국은 일본으로부터 저성장과 인구변화의 준비뿐 아니라 대기업과 중소기업의 작은 격차나 최근 노동시장 개혁 등에 관해 배울 점이 많다. 일본은 정보통신 등 신산업의 역동성과 노동자의 임금을 높이기 위한 노력에 관해

---

14) 즉 한국의 소득재분배기능이 일본보다 약하다. 특히 연금제도가 미성숙한 것으로 분석된다.
　　高安雄一, 「『パラサイト』で話題の「韓国の経済格差」、実は日本も同じ程度です…」, 『現代ビジネス』,
　　https://gendai.ismedia.jp/articles/-/70538?page=3
15) Credit Suisse, "Global Wealth Databook 2018", 2018.

한국으로부터 배워야 한다… 소득보다 더욱 중요한 것은 삶의 질과 행복일 것이다… 2021 세계행복보고서는 2018~2020년의 행복 순위가 일본 56위, 한국 62위로 양국 모두 소득수준에 비해 낮다고 보고한다."[16]

역사나 정치적 쟁점을 둘러싼 충돌 내지 긴장 요인은 쉽게 사라지지 않을 것이며, 이는 국민국가체제가 작동하는 데 있어서 완전히 배제하기 힘든 것이기도 하다. 그러나 그 요인만이 전면에 대두되어 나머지 모든 것을 압도해서는 좋을 일이 없다. 한국은 한때 일본을 성장의 '역할 모델'로 삼았다가 이후에는 '역전'하고 '추월'한 것을 '국뽕'과 '자뻑'의 소재로 탕진하기만 해서는 안 된다. 일본 역시 한국의 '추격'과 '추월'을 불편해하기만 해서는 안 된다. 가장 우선이 되어야 할 것은 '더 나은 삶을 위한 경쟁'이어야 한다. 이런 면에서 서로 이기려고 하는 방향으로, 또 스스로의 취약점을 고치려는 쪽으로, '성장 경쟁'에서 '행복 경쟁'으로 전환하자.

3) 상호 교류의 확대와 선순환적 소통 촉진

(1) 상호 방문의 복원과 이미지 제고

---

16) 이강국, 「일본은 한국보다 가난해졌는가」.

'냉전 해체' 이전까지의 (1) 시기에는 사실상 대중적 차원에서 양국을 상호 방문하는 것은 불가능했다. 한국의 여행 자유화는 1989년에야 이루어지기 때문이다. (2) 시기 이후 양국의 대중적 교류는 활성화되며, (3) 시기에는 양국을 오가는 관광객이 1,000만 명대에 이르게 되었다.

그러나 '노 재팬' 및 '코로나19' 사태 이전까지의 한일 상호인식의 추이는 단순하지만은 않다. 한국 측의 대일 이미지는 긍정이 확대되고 부정이 감소하는 흐름이었으나, 일본 측의 대한 이미지는 긍정이 감소하고 부정이 증가하는 상태였다.

〈그림1〉 상대국에 대한 인상 (2013-2019)

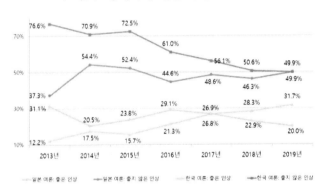

출처: 동아시아연구원&言論NPO, 「제7회 한일 국민상호인식조사」.

위의 그림에서 보듯이 지난 7년 간의 추이를 보면, 2013

년 일본에 대한 한국의 긍정적인 인식은 12.2%에서 2019년 31.7%로 증가한 반면, 한국에 대한 일본의 인식은 2013년 31.1%에서 2019년 20.0%로 하락했다. 상대국에 대한 부정적 인식 역시 비슷한 추세를 보이고 있다. 일본에 대한 한국인의 부정적인 인식은 2013년 76.6%에서 2019년 49.9%로 대폭 감소한 반면, 한국에 대한 일본인의 부정적 인식은 2013년 37.3%에서 2019년 49.9%로 좀처럼 추세 전환이 이루어지지 못하고 있다.[17]

2013년 이후 2019년 7월 '노 재팬' 및 2020년 이후의 '코로나19' 상황 이전까지도 '위안부' 문제 등 과거사 및 독도, 교과서 문제 등이 여전했고, 일본 내에서 혐한 언행과 출판 및 시위가 늘며, 일본의 '우경화'를 추동한 아베 정권이 장기집권하고 있었음에도 불구하고, 일본에 대한 한국인의 긍정적 인식이 늘고 부정적 인식이 줄어든 것은 왜일까?

한국은 전통적으로 '반일' 감정이 강한 나라이나, 그 감정은 주로 과거사('만행') 및 매스컴을 통해 보도되는 일본 정치인의 '망언', 혹은 근거가 있기도 하되 과장되고 단순화되기도 한 일본, 일본인 및 일본 사회문화에 대한 '편견' 등이 복합되어 구성된 것이며, 실제 본인이 영위하는 일상생활에

---

17) 동아시아연구원&言論NPO, 「제7회 한일 국민상호인식조사」, http://www.eai.or.kr/documents/190612_1.pdf

서의 직접적 체험에 근거한 것은 아니라는 점에서 상당 정도는 관념적이기도 한 것이다.

그런데 가장 가까운 이웃나라인 일본으로의 여행관광이 대대적으로 늘어나고, 각종 시민 교류가 활발히 전개되면서, 자신의 직접적인 경험을 통해 접한 일본의 모습이 그 전까지 지배적이었던 고정관념(stereotype)과는 일정한 거리가 있다는 점, 또는 쉽게 단순화하거나 일반화할 수 없는 다면성과 다양함이 존재한다는 점을 체감/체득하게 되면서 기존의 인식과 감정에 변화가 일어나게 된다. 물론 사람에 따라, 체험의 성격에 따라 이 변화 또한 다종다양하겠으나, 긍정에서 부정으로 변화한 경우(가령, 일본여행을 갔다가 '혐한' 행위를 접했다거나 하는 경우)에 비해, 부정에서 긍정(혹은 중립)으로 변화한 경우가 훨씬 많기 때문에 일본에 대한 긍정 인식이 증가하고 부정 인식이 크게 줄었다고 볼 수 있다. 유학생이나 파견 회사원 등의 존재도 중요하지만 수적으로는 제한적이고, 아베 정권의 '우경화' 관련 보도가 지속적으로 전해진 이 시기에 긍정 인식이 약 20% 증가하고 부정 인식이 약 25%나 감소했다는 것은, 관광여행을 통한 일본 체험의 효과로 추정된다. 비중 면에서 며칠 동안의 단기체류가 가장 많겠지만, 그것만으로도 일본에 대한 고정관념에서 벗어나 긍정적 이미지를 갖는 쪽으로 변화한 것이다. 즉, 관광여행은 대일 이미지를 제고하는 큰 효과를 지닌다.

그러나 2019년의 '노 재팬' 현상이 대두되면서 이 흐름은 꺾였다. 이는 관광여행지로서의 일본의 매력이 소멸되어 그런 것은 아니다. 과거사 문제에 대한 한국 측의 대응에 불만이 누적된 아베 정권이 그에 대한 '시정'을 요구하는 '압박' 조치로 '반도체 관련 핵심 부품소재'의 '수출 규제'를 단행하였으나, 이것이 한국 측에는 한국 경제 자체를 '압살'하려는 의도를 가진 조치로 받아들여졌다. 즉, 이전부터 일본 내에 '혐한' 현상은 작게나마 존재해왔고, 또 근년 들어 '서브컬처' 이상으로, 사회운동 및 무시 못할 언설로 성장하긴 했으나, 일본 방문을 통해서도 극소수만 그 폐해를 접할 뿐 대다수에게는 직접 감지되지는 않는 현상이었는데, 이 조치는 아베 정권, 혹은 일본 국가 자체가 노골적으로 한국(인 전체)을 '혐오'한 것과 같은 효과를 발휘한 큰 '패착'이었다.

한국 정부는 "다시는 일본에게 지지 않겠다"(2019. 8. 2.)고 선언하며 이 조치에 격분하였다가 상황 이해가 진전되면서 대응 수위를 조절하였으나, 민간에서는 이미 불붙은 '노 재팬' 일본상품 불매운동이 사상 최대 규모로 확대되었고, 일본 관광여행 역시 예외가 아니었다. 그리고 그 반년 후, '코로나19'가 전 지구를 덮으면서 해외여행의 발길은 멈춰 버렸다.

따라서 일본 관광여행의 재개를 위해서는 '코로나19' 사태의 종식 및 '노 재팬'의 융통성 있는 적용이 필요하다. 일단 '노 재팬'의 경우는, 모든 일제상품을 불매한다는 것이 비현실적이고, 일본제가 아닌 브랜드라 해도 부품소재 및 특허 등으로 포함된 경우도 있는 등, '아우타르키'(폐쇄적 자급자족경제 체제)를 추구한다 해도 완전히 실현되기는 불가능한 마당에 전 지구적 분업체제로 운영되는 세계경제 하에서 한계가 있을 수밖에 없다. 또 다른 무엇보다도 아베 정권의 '수출 규제' 조치에도 불구하고, 한국 측은 별 타격을 입지 않았고 오히려 세계 반도체 시장에서 약진을 하고 있다는 사실이 애초의 '위기감'을 약화시키고 '노 재팬'이 누그러지는 이완 요인이 되고 있다. 설령 '노 재팬' 기조가 유지된다 하더라도, 민간의 왕래, "상대를 알기 위해서도 직접 가보고 만나야 한다"는 자세는 비난받을 이유가 없다.

'코로나19' 사태가 언제쯤 어떻게 종식될지는 일국 단위 및 지역 단위, 나아가 전 지구 단위에서의 백신 투여 및 집단면역 확보, 변이 바이러스의 출몰 및 제어 여하가 핵심 관건일 것이며, 해당 분야 전문가의 판단을 요하는 사안이다.

다만 '코로나19' 사태가 종식된다면, 해외여행은 '보복소비' 효과도 가세하여 봇물처럼 이루어질 것이며, '비자면제조치'도 회복되면 일본 관광여행 역시 가장 가까운 해외여행지이자 충분한 소프트파워를 갖춘 곳으로서 크게 늘어날 것이다.

저하되었던 대일 이미지도 이로 인해 개선될 가능성이 있다.

반면, 일본의 대한 이미지 악화는, 일본의 경제적 지위 저하와 한국과의 역사 문제에서의 누적된 마찰 및 이를 해석하는 일본 내의 지배적 언설(정부 방침, 언론 보도, 잡지서적 출판, 민간단체 활동, 온라인 커뮤니티 등)에 기인한다. 과거 독보적인 세계 제2위의 경제대국 시절에 일본이 가질 수 있었던 심리적·물리적 여유는, 이제 중국에 추월당해 3위가 되고, 한국이 10위권으로 성장한 현재 거의 사라졌다. 한국의 상승에 대해 일정 시기까지는 상찬의 시각으로 매스컴에서 보도하였으나, 일정 시점 이후에는 경계와 우려의 대상이 되었다. 이러한 시기에 '과거사 마찰'이 누적되고, 정치안보 면에서 한국정부와 엇박자가 발생하면서 생기는 불안이 가중되어, 정부 및 매스컴은 한국에 대한 비판적 언설을 더 많이 산출하게 되었다.

일반 일본 시민들 역시 과거에는 한국에 대해 무관심이 지배적이었으나, 1990년대 아시아에 대한 관심, 2000년대의 한류 붐과 대대적인 '북한 때리기'를 거쳐, 2010년대에는 '혐한' 기류가 확대되었다. 그 근원에는 한국 측의 돌발적이거나 경직된 대일 외교(이명박 대통령의 독도 방문 및 천황 사과 요구 발언, 박근혜 정권의 '위안부' 원트랙 노선) 및 역량의 한계('비핵화' 및 남북미 관계에 주력, 일본 소홀, 갈등 요인

조정 노력 미흡 혹은 시기 상실)가 있었던 것도 사실이나, 일본 측의 한국 인식 및 보도 또한 객관성이 약하거나 과장된 것, 의도적으로 곡해하는 면도 적지 않았고, 점증하는 일본 사회 내의 불만 및 불안을 한국이라는 '외부의 적 때리기'로 유도하려 한 면도 없지 않았다. 이에 편승하여 '혐한 미디어'들은 한국 사회의 부정적인 단면(강간, 사기 등 범죄 발생률 통계나 사건 기사 등)을 집중적으로 유포하면서 상업적 이득을 취하였다. 동시에 일본인들의 실질소득이 저하하고, '아베노믹스' 하에서 '엔저 현상'도 일어나면서 한국 관광을 비롯한 해외여행도 감소하였고, 이러한 흐름 속에서 일본인들의 대한 이미지는 부정적인 방향으로 강화되었다. 뒤이은 '노 재팬' 및 '코로나19'로 인해 교류는 급감하였다.

　　하지만 한국의 음식 등 생활문화와 K-pop 등 대중문화에 관심이 많은 MZ세대 및 여성들의 존재는 결코 적지 않다. 이전에는 여행관광지로서의 한국에 대해서, "한번 가서 보고 나면 더 볼 것이 없다"라는 등 단조로움, 진화와 변모의 부족 등이 지적되곤 했으나, 요즘은 잘 꾸민 카페, 갤러리, 박물관 등이 지방에도 산재해 있다. 음식 문화, 화장품, 패션, 음악 등 폭넓은 콘텐츠와 소프트파워도 부족하지 않다. 일본 측의 대한 이미지 악화의 소재는 주로 한국 정부의 대일 정책(에 대한 불만과 비판)과 관련되어 있고, 한국의 사회문화 전반에 대한

평가는 구분될 수 있는 만큼, 잠재력은 충분히 있으며 이를 기반으로 대한 이미지의 개선을 도모할 필요가 있다.

일본의 한국 여행관광 역시, 코로나19와 '노 재팬'이 제약 요인으로 존재한다. 코로나19 관련은 앞서 말한 바와 같다. '노 재팬'의 경우는, 그 현상이 절정이던 와중에도, 한국 체류 일본인이나 여행관광객에 대해서는 마땅히 환영해야 한다는 인식이 기본이었다.[18] '홍대 앞 일본여행객 폭행사건' 같은 것도 혐오 범죄가 아니고 매우 예외적인 사례였으며, 한국 애호 일본인 유튜버 등도 한국 여행의 안전성과 친절함에 대해서는 충분히 인식하고 이를 전하고 있다. 이 점을 강조하며 한국 여행관광을 적극 홍보할 필요가 있다.

(2) 선순환적 소통의 필요

상호 이미지 개선 방안이 물론 관광만인 것은 아니다. 코로나19가 종식되면, 그 전체를 파악할 실도 없는 수많은 자생적인 시민단체와 모임들의 한일 교류가 자발적으로 전개될 것이다. 역시 '우승열패'가 아닌 호혜상생의 선순환적 소통이 확대될 수 있으리라 기대된다.

---

18) 이지원, 「반일 민족주의와 시민적 조절의 가능성」, 『인문사회21』 11권 1호, 사단법인 아시아문화학술원, 2020 참조.

다만 해외여행이 불가능하거나 감소하는 상태에서, 또 '혐오' 언설이 계속 산출되는 상황에서는 또 다른 대응방안도 필요하다. 지구상의 서점 중에, 특정 국가를 혐오하는 서적만을 모아놓은 코너가 있는 곳은 아마도 찾기 힘들 것이다. 또 상대 국가가 바다 속으로 가라앉기를 바라는 발언을 온라인에서 쉽사리 찾아 볼 수 있는 곳도 드물 것이다. 타자에 대한 극단적인 배제는 자제할 줄 아는 조절기제가 시민사회 내에서 작동할 필요가 있다. 역사적 사실에 대한 왜곡, 악의적 선동, 가짜 뉴스 등에 대해서는 정면 돌파가 필요하다. 그러나 한 사회 내에 만만치 않게 퍼진 공기(空気)와 같은 것이 되고 나면 대응이 쉽지 않다. 한두 마디 비판으로는 사라지지 않는다.

일본의 풀뿌리 보수주의의 확산에 만화가로서 지대한 역할을 한 고바야시 요시노리는, 일련의 '고마니즘 선언(ゴーマニズム宣言)' 연재물을 만들면서, 하나의 주제당 수년에 걸친 자료수집과 연구를 거쳐 작품을 기획하였다. 이러한 노력들이 수십 년 누적되고 전파되면서 현재와 같은 일본의 '우경화'가 가능했다. 이러한 분위기를 불식하려면, 마찬가지로 가능한 미디어를 십분 활용하여 대중적으로 설득력 있는 콘텐츠를 만들고 수십 년을 바라보는 실천이 필요하지 않을까? 적어도 그럴 각오와 준비가 필요한 것 아닐까?

4. 가까운 시일 내에 가능한 교류

1) 코로나19 종식 이전 한일 간의 '백신여권'

'백신여권' 제도를 조속히 도입할 필요가 있다. 그러나 전 세계적인 차원에서 통용되는 국제 표준적인 제도와 방식을 만드는 데는 시간과 절차가 필요할 것이다. '코로나19' 종식 이전에 한일 관광 교류를 재개하도록 하는 방안으로, 한일 양국 차원의 '백신여권'(단수여권 성격) 제도를 체결하여 2주간의 격리 기간 없이 왕래할 수 있도록 한다면, '백신여권' 취득자에 대해 양국 여행관광이 허용될 수 있다.

우선 여행이 가능한 대상은 고령자층이다(한국의 경우, 4월 1주부터 75세 이상 364만 명 접종 시작, 6월까지 1,200만 명 고령층과 취약시설 거주자 접종, 일본의 경우 2021년 4월 12일 65세 이상 접종 시작, 6월 말까지 3,600만 명 접종 예정). 고령층이라도 접종을 마쳐 저항력을 갖추고 특별한 질환이 없어 여행에 지장이 없다고 판단되는 경우, 상호 관광 왕래가 가능하다. 이는 가장 가까운 이웃나라 간의 일상적 교류를 복원하는 의미를 지니는 동시에, 양국의 여행업, 숙박업, 관광업, 항공업계의 상황 개선에 기여할 수 있다. 코로나19 완전종식 후에는 오히려 '보복소비' 효과로 인해 항공료,

숙박료 등이 앙등할 것이 예상되는데, 그 이전에 '효도관광' '노후관광'의 기회로 활용 가능하다.

차순위 가능대상은 고등학교 3학년생이다. 입시를 위해 2분기 혹은 여름방학 중 백신접종 예정 계획인데, 수능 및 입시면접 이후에는 역시 백신 접종 효과가 지속된다는 판단을 전제로, '백신 여권' 발급 및 가장 가깝고, 치안 면에서 안전한 이웃나라로의 여행이 가능하다.

대학생들의 교환학생 교류도 1년 반째 막혀 있다. 2분기 혹은 여름방학 내로 백신 접종을 할 여건이 된다면 2021년 2학기부터는 교환학생 교류가 재개될 수 있다.

다만, 백신 접종자도 돌파감염의 사례가 있다는 것, 또 변이 바이러스에 대해 어느 정도의 대응이 가능할지에 따라 이들 방안의 유효성은 판가름 날 것이다. (이상은 따라서 전문가의 판단을 요하는 사안이다.)

2) 한일 평화콘서트

문화교류는 의식주 생활문화 및 패션·음악·오락 등 대중문화, 학술출판 및 순수예술 등 고급문화, 양국의 전통문화 등이 모두 가능하나, 그중 상징적 의미와 사회적 파급효과가 큰 것을 우선 추진하는 것이 좋을 것이다. 또, 스포츠

시합과 같이 승패를 다투지 않는 쪽이 나을 것이다. 남북한 간 교류 시의 각종 공연의 의의와 효과를 떠올리며, 한일 간 평화콘서트를 개최할 수 있다면 어떨까.

동아시아에서는 이미 PAX MUSICA(1984-1994)의 사례가 있었다. 한국의 조용필, 홍콩의 알란 탐, 일본의 다니무라 신지 등이 주축이 되어 민간 차원에서 동아시아의 평화를 기원하며 전개했던 콘서트 행사이다.[19] 코로나19가 진정된 후에는 이러한 취지의 행사를 한일 양국 정부 기관이 후원하는 형태로 시도할 수 있지 않을까? 콘서트의 구성은, (1) 한일 양국민들에게 세대별로 선호도가 높은 가수들을 망라하여 공연(共演), 화합의 장을 만들기(스타성 있는 가수 중심) (2) 한일 양국에 대중적으로 정착한 상대국의 노래(번안곡 포함) 공연 기획(콘텐츠 중심) 등 다각적으로 꾸며볼 수 있을 것이다.

3) 한일 문화 공모전

코로나19 종식 이전에도 가능한 것으로, 선호하는 상대국의 문화콘텐츠에 대한 소감 등을 온라인으로 공모하여 시상하는 행사를 기획할 수 있다. '사랑의 불시착', '귀멸의 칼날'

---

19) 이경분, 「조용필, 알란 탐, 다니무라 신지의 Pax Musica : 음악으로 동아시아에 평화를」, 『음악과 문화』 30호, 세계음악학회, 2014.

등 상대국의 콘텐츠에 대한 감상을 일정 분량의 문장 텍스트나 ppt, 혹은 일본인이 애호하는 단가나 하이쿠, 한국의 시조 형식을 빌어 표현하게 하고 교류하는 장을 만들 수도 있을 것이다.

4) 랜선 수학여행(리모트 수학여행)

역시 코로나19 종식 이전에도 가능한 것으로, 2020년 하반기부터 일본에서 실시 중이다.[20] 최근 싱가포르 학생들의 한국 랜선 수학여행 사례도 나왔다.[21] 한일 간에도 수학여행 시 주로 방문 대상이 되었던 지역과 시설을 중심으로, 온라인 발신 및 의사소통 가능한 시스템과 인력이 마련된다면, 또 희망학교들과 일정 조정만 된다면 어렵지 않게 가능할 것이다. 코로나19로 인해 초중고 각급 학교에는 이미 온라인 실시간 교육 및 소통이 가능한 체제가 갖추어졌기 때문이다. 한일 각 지역 및 시설의 문화해설사 및 통역(의사소통 도우미) 인력과 적절한 프로그램이 지원된다면 바로 가능하며,

---

20) 近畿日本ツーリスト, 「オンライン×リアルを駆使して中学校最後の想い出づくりを」,
https://www.knt.co.jp/kouhou/news/20/no008.html
21) 전주방송, 「싱가포르 고등학생 전주로 랜선 수학여행」,
https://www.youtube.com/watch?v=riLaFGspGPQ

코로나19 종식 후에도 현장탐방을 보조하는 형태로 얼마든 지 활용 가능할 것이다.

한일관계 개선 방안

김현철
(서울대 일본연구소 소장)
남기정
(서울대 일본연구소 교수)

1. 현황과 문제점

　　문재인 정부는 과거와 미래를 분리하는 투트랙 전략을 취해 왔다. 과거사 문제를 관리하는 동시에 일본과의 관계도 미래지향적으로 추진하는 것이다. 그러나 오히려 일본이 과거사 문제에 집중하는 소위 원트랙으로 반응하면서 양국관계가 꼬이기 시작했다. 그 이면에는 아베 정권이 전통적인 자민당(구주류)이 가지고 있었던 양보와 타협의 외교가 아니라 대결외교로 전환한 것이 바탕에 깔려 있다. 최근 일본 정부가 일본군 '위안부'(이하 '위안부') 갈등에 따른 관계악화를 용인하고 한반도 평화프로세스에 대해서도 방해 전략을 구사해온 것은 아베 정권의 이러한 전환된 외교전략 때문이다. 또한, 과거사 갈등과 더불어 수출규제와 GSOMIA 문제까지 추가적으로 발생하게 되면서 문재인 정부의 투트랙 전략이 제대로 작동하지 못하였고 이는 결과적으로 한일관계를 '복합갈등 상황'으로 이어지게 하였다.

그렇다면 한일관계가 왜 이렇게 꼬이게 되었는가? 이 물음의 답은 구조적 요인에서 찾아볼 수 있다. 우선, 한일 간 일련의 상황들이 3.1독립운동과 임시정부 수립 100주년 시기와 겹치게 된 데에 하나의 배경이 있다. 또한, 2018년 물가수준을 감안한 1인당 국민소득이 일본을 추월했을 뿐만 아니라 2020년 들어서는 문화 발신력(소프트 파워), 언론 자유도, 방역 등에서 한국이 성과를 내면서 한국이 일본을 능가했다는 여론이 형성된 이유도 함께 작용했다. 특히, 이러한 분위기를 주도한 것은 한국의 김연아 세대인데 이 세대들은 일본을 추격하는 데에서 나아가 이미 일본을 추월했다는 생각을 가진 세대이다. 이들 세대는 과거 일본에 대한 동경과 경외를 가지고 있던 소니 세대와는 차이를 보인다.

한편 일본의 경우, 2010년 센카쿠 열도 분쟁과 중국의 희토류 보복, 2012년 이명박 대통령 독도 방문과 '천황' 발언, 2014년 박근혜 대통령의 중국 전승기념식 참석, 2017년 '위안부' 합의에 대한 이의 제기 등의 사건들이 혐중·혐한 정서로 이어져 왔다. 결국 이러한 정서가 수출 보복조치를 환영하는 일본 내 강한 여론을 형성하게 함으로써 한일양국에서 대결과 갈등의 압력이 상승되고, 타협과 협력의 창이 좁아지는 상황이 되었다.

2. 고려사항

한일관계 개선을 위해서는 우선 한일관계에 있어 강하게 형성되어 있는 대결과 갈등 압력을 완화하는 시도가 필요하다. 이와 관련하여 양국은 과거-현재-미래 중 현재의 갈등 안건에 집중하여 우선적으로 해결할 필요가 있다. 특히, 현재 서로의 불신을 해소하고 타협을 비교적 쉽게 가능케 하는 영역은 경제와 안보이다. 최근 들어 바이든 행정부 주도의 국제관계 속에서 GSOMIA가 가진 상대적 중요성은 점점 약화되고 있으며, 한일양국의 수출규제는 무력화되어 가고 있다. 때문에 두 안건 모두 주고받기 식의 접근을 바탕으로 정상화를 시도하는 것이 효과적일 것이다.

여기서 한국은 일본의 대응과 관련하여 두 가지 경우를

상정하여 대응할 필요가 있다. 먼저 일본이 한국 측 제안을 수용하는 경우, 한국 정부는 안보와 경제문제를 우선적으로 해결한 뒤에 과거사 문제를 협의해 가는 원래 의미의 투트랙 접근으로 재진입할 수 있다. 다만, 투트랙 전략으로부터 발생하는 불안전성을 해소하기 위해서는 쓰리트랙 내지 멀티트랙 접근을 취할 필요가 있다.

한편 일본이 한국 측의 제안을 거부하며 여전히 과거사 문제해결을 우선시하는 원트랙 접근을 고수하는 경우, 양국관계에 있어 교착상태가 계속될 것이다. 그러므로 한국 정부는 과거사 문제 해결에 보다 집중해야 할 것이며 미래지향적 관계구축을 위해 인적교류 등 민간영역에서의 한일관계 개선노력이 자연스럽게 이루어질 수 있도록 지원해야 한다.

과거사 문제를 위한 해결 방안으로는 우선, 중간단계에서의 노력으로써 '위안부' 문제와 강제동원 문제를 분리하는 해법이 있을 수 있다. '위안부' 및 강제동원 문제는 그 역사적인 연원이 동일할 수 있으나 발생 경위는 다르다고 할 수 있다. 따라서 동일한 부분에 초점을 두는 방법과 서로 다른 부분에 초점을 두는 방법을 복합적으로 고려하면서 해결을 시도할 필요가 있다. 이는 다시 서로 다른 부분을 연계해서 해결하는 방법과 분리해서 해결하는 방법으로 나뉠 수 있다. 만약 연계하는 방법을 활용한다면 강제동원 문제를 먼저 해결하고 '위안부' 문제로 나아가는 방법이 있을 것이다. 분리해서 해결을 시도할 경우, '위안부' 문제만 따로 해결하는 방법도 있을 것이다. '위안부' 문제는 국가책임・배상이 얽혀 있는 문제이기 때문에 그 해결에 있어 어려움이 있다. 그러나 그렇기 때문에 오히려 우리 정부의 선제적인 행동으로 입구를 만들 수 있는 문제이며, 일본 정부의 사과를 적극적으로 이끌어내려는 노력을 통해 전반적인 해법을 모색할 수 있을 것이다.

3. 목표와 해법

한일관계를 정상화하기 위해서는 우선, 악화된 관계를 정상 상태로 복원시킨 뒤 향후 협력적 관계를 도모하는 단계적 접근이 필요하다. 마이너스(−)에서 제로로 그 다음에 플러스(+) 관계로 가져가는 전략이다.

특히 현 정부는 과거사 문제와 현안문제를 분리하여 접근하는 투트랙 전략을 취해 왔다. 과거사 문제와 관련해 더 이상 문제를 악화시키지 않겠다는 기본적인 전략취지는 과거 정부와 동일하였으나 과거 정부에서는 역사의 정치화에 머물렀던 것이 문재인 정부에서는 역사의 사법화까지 나아간 것이 큰 차이를 만들었다. 이는 역사의 정치화가 시도되지 않는다면 대일관계는 잘 흘러갈 것이라는 믿음에서 한 단계 나아갈 것을 요구하는 상황이었으나, 거기에 문제의식이 이르지 못하고 문제 악화의 방지 차원에 국한되어 과거사 문제에 대한 적극적인 관리까지는 나아가지 못하였다. 또한, 정부가 투트랙 전략을 통해 한일관계를 어떠한 방향으로 이끌어 갈 것인가라는 확실한 목표설정이 부재한 것도 주요 한계였다.

이러한 한계 하에 정부는 과거사 문제에 대해 단계별 목표를 세울 필요가 있다. 우선 관계 악화방지를 위한 단기목표를 세워야 한다. 단기적으로 정부는 현금화 일정을 확인하면서 일본의 추가제재를 저지하고, 사법부 판단과 별도로 국내조치와 대일 협상에서 정부의 역할이 있음을 선제적으로 보여줄 필요가 있다. 반면에 문제제기가 필요한 장면에서는 적극적으로 대응할 필요가 있다. 가령 한국이 일방적으로 국제법을 위반하고 있다는 주장에 대해 반론을 적극 전개할 필요가 있으며, '종군위안부'에서 '종군'을 생략하겠다는 등 최근 일본 정부의 행동에 대해서도 문제를 지적하면서 일본의 일방적인 해석에 대해 적극적으로 대응하여야 한다.

단기목표를 통해 양국의 관계개선에 있어 어느 정도의 돌파구가 마련된다면 중기적인 관점에서 '위안부'와 강제동원 문제에 접근할 수 있다. 기본적으로 '위안부' 문제는 2015년 합의가 공식합의라는 입장을 확인한 한, 이에 입각해 적극적으로 협상에 나서 양국의 대화의 장을 마련해야 한다. 또한, 강제동원 문제는 2018년 판결의 외부에서, 즉 판결을 훼손하지 않는 선에서 한국 정부의 선제적·독자적 해결노력이 선행되어야 한다. 궁극적으로 배상문제가 쟁점이기는 하나, 해법의 핵심은 일본 정부의 사과이다. 이에 따라, 일본 정부의 사과를 입구로 하고, 상징적 배상을 출구로 하여 신뢰 프로세스를 개시하여야 한다.

중기목표에 따라 한일이 화해프로세스로 나아가게 된다면 장기목표로의 이행도 가능해질 것이다. 장기목표는 1965년 조약과 협정에 대한 양국의 해석을 일치시켜 1965년 체제의 한계를 극복하는 것으로, 새로운 한일공동선언을 채택하고, 구체적 행동계획으로 한일미래구상위원회 등을 출범시킴으로써 과거사 문제로 늘 흔들려 왔던 1965년 체제를 안정화시키고, 그 위에서 한일관계를 새로운 단계로 진입시킬 수 있을 것이다.

10 대 제 언

제언1 강제동원 문제는 우리 정부가 선제적 · 독자적 행동
으로 판결 이행을 촉구할 것.

제언2 일본군 '위안부' 문제는 역사연구와 역사교육 기구 설
치로 미래에 열린 해법을 도모할 것.

제언3 과거사와 기타 현안의 분리 대응이라는 대일 투트랙
외교 기조로 복귀할 것.

제언4 한미일 대북 공조를 통해 미일을 한반도 평화프로세
스에 적극적으로 견인할 것.

제언5 미중 전략 경쟁의 장기화에 대비하여 한일관계의 개
선과 함께 호주, 인도, 아세안 세력과의 다자외교를
강화할 것.

제언6   수출규제 철회를 이끌어내기 위한 무리한 정치적 해법보다, 시간을 가지고 강제동원 문제 해결을 위한 환경을 조성할 것.

제언7   거대지역주의에 적극 참여함으로써 수출규제의 실질적 무력화를 앞당길 것.

제언8   교역에 있어서 탈일본화하되, 탈일본기업화는 주의할 것.

제언9   '선진 문제국가'라는 공통점을 인지하고 해법을 공유할 것.

제언10 성장을 넘어 '삶의 질과 행복'을 향한 선의의 경쟁 관계로 전환할 것.

한일관계 개선방안 연구TF (가나다 순)

저　자┃김현철

서울대학교 일본연구소 소장, 서울대 국제대학원 일본전공 교수. 게이오대학 비즈니스 스쿨에서 경영학 박사학위(1996)를 취득했다. 귀국하기 전까지 나고 야 상과대학 조교수와 쓰쿠바 대학 부교수로 재직했다. 삼성전자와 현대자동 차, SK텔레콤 등의 자문교수를 맡았으며 정부에서 대통령 경제보좌관, 신남방 정책특위 위원장, 국제금융센터 이사장 등을 역임하였다. 일본어 저서로는 『日本流通産業史—日本的マーケティングの展開』(공저, 2001)와 『「日中韓」産 業競争力構造の実証分析』(공저, 2011), 『アジア最強の経営を考える—世界を 席巻する日中韓企業の戦い方』(공저, 2013) 등이 있으며 한글 저서로는 『CEO, 영업에 길을 묻다』(2011), 『저성장시대 어떻게 돌파할 것인가』(2015), 『포용국가: 새로운 대한민국의 구상』(공저, 2017), 『저성장시대의 일본경제』(공저, 2017) 등 이 있다.

저　자┃남기정

서울대학교 일본연구소 교수. 도쿄대학 대학원 총합문화연구과에서 박사학위 (2000)를 취득했다. 고려대학교 평화연구소 전임연구원, 일본 도호쿠대학 법학 연구과 교수, 국민대학교 국제학부 교수로 재직했다. 전후 일본의 정치와 외교 를 동아시아 국제정치의 문맥에서 분석하는 일에 관심이 있으며, 최근에는 전 후 일본의 평화주의와 평화운동에도 관심을 갖고 연구를 진행해오고 있다. 최 근 연구업적으로 『競合する歴史認識と歴史和解』(공저, 2020), 『난감한 이웃 일본을 이해하는 여섯 가지 시선』(공저, 2018), 『기지국가의 탄생: 일본이 치른 한국전쟁』(2016), "문재인 정부의 대일 외교와 한일 관계의 대전환: '장기 저강 도 복합 경쟁'의 한일관계로." 『동향과 전망』 122 (2021), "샌프란시스코 평화조 약과 한일관계: 한일냉전의 기원으로서 '제4조' 문제." 『한국과 국제정치』 36-3(2020), "한일관계를 어떻게 할 것인가?: 한일관계 재구축의 필요성, 방법 론, 가능성." 『역사비평』 127 (2019), "Linking Peace with Reconciliation" *Asian Education and Development Studies* 8-3 (2019) 등이 있다.

저 자 ┃ 이지원

한림대학교 일본학과 교수. 서울대학교 대학원 사회학과에서 박사학위(1999)를 취득했다. 도쿄대학 사회정보연구소 및 사회과학연구소 객원연구원, 세종연구소 객원연구위원, 서울대학교 사회발전연구소 책임연구원 등을 거쳤으며, 현대 일본사회 및 한일 문화교류, 오키나와 연구 등의 분야를 중심으로 연구를 진행해오고 있다. 『거시적 관점에서 본 신동북아 문화정책 산업의 제동향』(공저, 2017), 『안전사회 일본의 동요와 사회적 연대의 모색』(공저, 2017), 『오키나와로 가는 길』(공저, 2014), 『오키나와에서 말한다』(역서, 2014) 및 "반일 민족주의와 시민적 조절의 가능성."『인문사회21』11-1 (2020), "냉전기 오키나와 독립론의 한 사례─키유나 쓰구마사의 삶과 활동."『한림일본학』 35 (2019), "한일 문화교류와 '반일' 논리의 변화: '왜색문화' 비판 언설의 궤적."『한국과 국제정치』(2015) 등의 저서와 논문이 있다.

저 자 ┃ 이창민

한국외국어대학교 융합일본지역학부 및 동대학원 일본학과 교수. 도쿄대학 대학원 경제학연구과에서 박사학위(2012)를 취득했다. 도쿄공업대학 사회공학과 조교수, 히토쓰바시대학 경제연구소 방문교수를 거쳤으며, 일본경제론, 한일경제관계, 일본경제사 등의 분야를 중심으로 연구를 진행해오고 있다. 저서 『아베노믹스와 저온호황』(2021), 『戦前期東アジアの情報化と経済発展』(2015)와 번역서 『제도와 조직의 경제사』(2017)를 출간하였으며, 주요논문으로는 "Domestic Industrialization under Colonization: Evidence from Korea, 1932-1940." *European Review of Economic History* 25-2 (2021), "The Role of the Private Sector in Japan's Recovery from the Great Depression." *International Area Studies Review* 18-4 (2015), "International Economic Policy Uncertainty and Stock Prices, Wavelet Approach." *Economics Letters* 134 (2015) 등이 있다.

저 자 | 조양현

국립외교원 교수, 외교안보연구소 아시아태평양연구부 교수 및 일본연구센터 책임교수. 도쿄대학 대학원 정치학과에서 박사학위(2006)를 취득했다. 하버드대 웨더헤드센터에서 Academic Associate, 싱가폴 국립대 동아시아연구소 Visiting Fellow를 지냈으며, 일본정치외교, 한일관계, 동아시아국제관계, 대한민국외교사 등의 분야를 중심으로 연구를 진행해오고 있다. 주요 논저로 일본어 저서『国境を越える危機』(공저, 2020),『競合する歴史認識と歴史和解』(공저, 2020),『アジア地域主義とアメリカ』(2009)와 한국어 저서『일본의 국가정체성과 동북아 국제관계』(공저, 2019),『현대외교정책론(제3판)』(공저, 2016)를 출간하였으며, 그 외에도 다수의 저서와 논문을 집필하였다. 주요 논문으로는 "제5공화국 대일외교와 한일 역사 갈등: 1982년 일본 교과서 왜곡 사건을 중심으로."『일본연구논총』49 (2019), "제 5 공화국 대일외교와 한·일 안보경협: 안보경협안의 기원에 대한 실증분석."『국제정치논총』57-2 (2017) 등이 있다.

IJS 서울대학교 일본연구소
Reading Japan **33**

대전환 시대의 한일관계

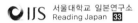
역사화해, 외교안보, 경제통상, 사회문화

초판인쇄 2021년 6월 21일
초판발행 2021년 6월 28일

기   획 서울대학교 일본연구소
저   자 한일관계 개선방안 연구TF(김현철, 남기정, 이지원, 이창민, 조양현)
기획책임 조관자, 오승희
기획간사 홍유진, 정성훈
발 행 인 윤석현
책임편집 김민경
발 행 처 제이앤씨
등   록 제7 - 220호
주   소 서울시 도봉구 우이천로 353
전   화 (02)992 - 3253(대)
전   송 (02)991 - 1285
전자우편 jncbook@daum.net
홈페이지 http://www.jncbms.co.kr

ⓒ 서울대학교 일본연구소, 2021.

ISBN 979-11-5917-178-9   03340   **정가**10,000원